MON DERNIER VOYAGE

LE BRÉSIL NOUVEAU

LIBRAIRIE E. DENTU, ÉDITEUR

ŒUVRES

DE

GUSTAVE AIMARD

Format grand in-18 jésus à 3 francs le volume

Première Série

	vol.
Les Trappeurs de l'Arkansas	1
Les Rodeurs de Frontières	1
Les Francs-Tireurs	1
Le Cœur-Loyal	1
La Belle-Rivière. 2 vol.	
I. Le Fort Duquesne	1
II. Le Serpent de Satin	1
Le Souriquet. 2 vol.	
I. René de Vitré	1
II. Michel Belhumeur	1

Deuxième Série

Le grand Chef des Aucas	2
Le Chasseur de Pistes	1
Les Pirates des Prairies	1
La Loi de Lynch	1
La grande Flibuste	1
La Fièvre d'Or	1
Curumilla	1
Valentin Guillois	1
Les Bois-Brûlés. 3 vol.	
I. Le Voladero	1
II. Le Capitaine Kidd	1
III. Le Saut de l'Elan	1

Troisième Série

Balle-Franche	1
L'Eclaireur	1
La Forêt Vierge. 3 vol.	
I. Fanny Dayton	1
II. Le Désert	1
III. Le Vautour Fauve	1
Les Outlaws du Missouri	1

Quatrième Série

Les Chasseurs d'Abeilles	1
Le Cœur de Pierre	1

Cinquième Série

Le Guaranis	1
Le Montonéro	1
Zeno Cabral	1

Sixième Série

Cornelio d'Armor. 2 vol.	
I. L'Étudiant en Théologie	1
II. L'Homme-Tigre	1
Les Coupeurs de Routes. 2 vol.	
I. El Platero de Urès	1
I. Une Vengeance de Peau-Rouge	1

Septième Série

	vol
Les Gambucinos	1
Sacramenta	1

Huitième Série

La Mas-Horca	1
Rosas	1

Neuvième Série

Les Rois de l'Océan :	
I. Les Aventuriers	1
II. Les Bohêmes de la Mer	1
III. La Castille-d'Or	1
IV. Le Forestier	1
V. Les Titans de la Mer	1
VI. L'Olonnais	1
VII. Vent-en-Panne	1
VIII. Ourson Tête-de-Fer	1

Dixième Série

Le Chasseur de Rats. 2 vol.	
I. L'Œil-Gris	1
II. Le Commandant Delgrès	1

Ouvrages divers :

Cardenio	1
Les Bisons-Blancs	1
La Main-Ferme	1
L'Eau qui-Court	1
Les Nuits mexicaines	1
Les Vaudoux	1
Le Roi des Placers-d'Or	1
Le Rancho du Pont-de-Lianes	1
Les Invisibles de Paris. 5 vol.	
I. Les Compagnons de la Lune	1
II. Passe-Partout	1
III. Le Comte de Warrens	1
IV. La Cigale	1
V. Hermosa	1
Aventures de Michel Hartmann. 2 vol.	
I. Les Marquards	1
II. Le Chien noir	1
Les Scalpeurs blancs. 2 vol.	
I. L'Enigme	1
II. Le Sacripant	1
Les Vauriens du Pont-Neuf. 3 vol.	
I. Le Capitaine d'Aventure	1
II. La Vie d'Estoc et de Taille	1
III. Diane de Saint-Hyrem	1

MON DERNIER VOYAGE

LE BRÉSIL NOUVEAU

PAR

GUSTAVE AIMARD

PARIS
E. DENTU, ÉDITEUR
LIBRAIRE DE LA SOCIÉTÉ DES GENS DE LETTRES
PALAIS-ROYAL, 15-17-19, GALERIE D'ORLÉANS

1886

MON DERNIER VOYAGE

LE BRÉSIL NOUVEAU

I

Le départ.

Embarqué à l'âge de neuf ans, en qualité de mousse, sur un chasse-marée armé pour la pêche du hareng, pendant plusieurs années je ne naviguai que sur les mers du Nord; un hasard, que j'ai raconté autre part (1) et que je bénis, me

(1) Voir *Par Terre et par Mer*. 2 vol. E. Dentu, éditeur, Palais-Royal.

permit de m'embarquer sur un trois-mâts écossais de huit cents tonneaux nommé *la Polly*, fort beau bâtiment construit à Glascow, monté par trente-cinq hommes d'équipage et commandé par le capitaine Griffiths.

La Polly avait mis le cap sur la Méditerranée, où elle fit, pendant quelques mois, le cabotage, prenant du fret dans un port et le débarquant dans un autre; enfin, elle prit un chargement à Trieste pour Rio-Janeiro, Brésil.

Depuis que je naviguais je n'avais qu'un seul désir: voir l'Amérique, dont on m'avait fait des récits fantastiques qui avaient surexcité mon imagination à un tel point que j'étais comme un fou.

Je n'avais pas encore quatorze ans quand je mis pied à terre sur cette terre d'Amérique que j'aimais d'instinct.

Parti de France en 1827, je ne revins en France qu'à la fin de 1847, j'avais trente ans. J'étais resté absent de mon pays près de vingt et un ans; j'avais appris bien des langues, mais j'avais presque oublié la mienne et je la parlais avec un fort accent espagnol. A cette époque les Français étaient rares en Amérique; d'ailleurs, des événements inouïs m'avaient jeté parmi les Indiens des grandes savanes, que j'ai longtemps habitées, et ce n'était pas avec les Peaux-Rouges que j'aurais pu parler ma langue et me souvenir du peu que j'avais appris.

Je suis retourné plusieurs fois en Amérique depuis mon premier retour, et toujours heureux de revoir ces pays si beaux, si hospitaliers et si foncièrement bons.

Malheureusement pour moi, certains événements me contraignirent à renoncer à la mer et aux voyages, que j'aimais avec passion; j'étais né aventurier.

C'est plus fort que moi, il me faut la liberté sans limites, le soleil et le désert. J'étouffe dans les villes, la civilisation comme on nous l'a faite m'effraie; je marche sans cesse en aveugle dans toutes ces broussailles, qui me gênent et m'écorchent à chaque pas; l'annihilation de l'individu au profit de la masse m'a toujours paru une monstruosité, et je proteste, chaque fois que l'occasion m'en est offerte, contre cette prétention odieuse.

Voilà ce que c'est que d'avoir vécu avec les sauvages; je sais bien que tout le monde me donnera tort, mais que m'importe; je suis quand même de l'avis des Peaux-Rouges, qui ne veulent pas de notre civilisation.

Bref, depuis trois ans j'avais la nostalgie des savanes, des grands horizons, de la liberté des prairies; malgré mon âge déjà avancé, je rêvais *in petto* un dernier voyage en Amérique; je rêvais de revoir toute l'Amérique, du nord au sud, et de finir mon odyssée en m'établissant auprès du fils que j'ai eu d'une Indienne Commanche et qui habite la frontière du Canada, en pleine forêt vierge, et de ne plus revenir en France.

Malheureusement c'était un rêve; j'étais attaché à la glèbe, il me fallait ronger mon frein en silence.

La nostalgie faisait des progrès inquiétants, je devenais atrabilaire, difficile à vivre. Je ne voulais plus voir personne, j'étais littéralement énervé, à charge aux autres et à moi-même; le moindre bruit, le moindre mot me mettaient dans une colère bleue; je ne supportais plus rien de mes meilleurs amis.

Il fallait en finir, je craignais de devenir fou.

Je désespérais presque, mais le hasard, qui toujours m'a protégé, ne m'oublia pas; il me donna, au moment où j'y pensais le moins, le moyen de reconquérir ma liberté, cette chère liberté après laquelle je soupirais depuis si longtemps.

En huit jours toutes mes affaires furent réglées; je me hâtai d'arrêter mon passage, et le neuvième jour je partais pour le Havre, en direction de Rio-de-Janeiro, sans regarder en arrière, mais en poussant un ah! de délivrance et de satisfaction.

Quoique j'eusse alors soixante ans bien passés, je me sentais fort comme si j'étais un jeune homme; la suite m'a prouvé que je ne m'étais pas trompé, car ce dernier voyage fut des plus rudes. J'étais redevenu un aventurier sans souci, sans crainte et sans regrets; en sentant sous mes pieds le pont du navire, je me trouvai heureux comme je ne l'avais jamais été, j'aspirai à plein poumons l'odeur de la marée et la brise alcaline de la mer; en un mot, je renaissais, j'avais oublié tous mes ennuis.

Le navire sur lequel j'avais pris passage se nommait *la Portegna*, appartenant à la compagnie des Chargeurs réunis.

La Portegna est un charmant navire, un peu petit peut-être, mais confortablement établi, bien espalmé, marchant bien à la voile comme à la vapeur.

Il y avait à bord une trentaine de passagers de premières, encaqués dans des cabines un peu étroites; du reste, après Ténériffe, j'abandonnai ma cabine et je passai la nuit sur le pont, enveloppé dans mon manteau, jusqu'à Rio-de-Janeiro.

Les passagers étaient pour la plupart des marchands belges de Buenos-Ayres; deux ou trois

Français; deux Buenos-Ayriens et un Chilien, vaniteux, hâbleurs, qui avaient passé quelques mois à Paris, où ils n'avaient vu que les cabarets du boulevard, où ils avaient appris l'argot du demi-monde et qui croyaient savoir le français; naturellement ils disaient pis que pendre de la France et surtout de Paris et des Parisiens. Ils ne lisaient et n'avaient lu que *l'Assommoir*, qu'ils ne comprenaient pas, bien entendu, et qu'ils prétendaient être le dernier mot de la civilisation française. J'eus bientôt assez de ces brutes, que je mis de côté; mais heureusement tous les autres passagers ne leur ressemblaient pas, grâce à Dieu et je n'eus qu'à me louer d'eux.

Le capitaine de *la Portegna* était un véritable loup de mer, brave et digne homme connaissant fort bien son métier, et aux petits soins pour ses passagers.

Les officiers du bord suivaient l'exemple de leur capitaine : braves marins, aimables, instruits et avec lesquels je ne tardai pas à me lier; mais celui de tous les officiers avec lequel je me liai presque intimement fut le docteur Legendre, médecin habile, très-instruit, homme du monde jusqu'au bout des doigts; je passai de charmantes heures à causer avec lui.

Le docteur Legendre était non-seulement un

érudit, mais surtout un chercheur; il s'était engagé sur *la Portegna* dans l'intérêt de la science; il comptait débarquer à son retour en France.

Depuis l'application de la vapeur, la navigation est complètement changée : il n'y a plus d'émotions possibles, on marche tout droit comme sur les chemins de fer, on arrive à jour fixe et presque à heure dite, avec des stations établies toujours comme sur les chemins de fer.

Anciennement, il fallait trois mois pour se rendre du Havre à Rio-Janeiro sur un bon voilier; aujourd'hui le trajet se fait en vingt jours, et l'on arriverait plus tôt si l'on ne faisait pas de stations.

Pendant que les passagers jouaient aux cartes, je causais avec le docteur ou je relisais le beau livre de M. Roisel sur les Atlantes.

A l'époque où j'étais novice à bord du trois-mâts *la Polly*, capitaine Griffiths, par le travers des Açores, un grain blanc nous drossa dans des parages inconnus où la mer avait un aspect singulier : elle était couverte d'herbes, de varechs, et, à une distance assez rapprochée, elle semblait bouillonner comme s'il y eût eu des rochers sous-marins; dans d'autres parties la mer semblait être un lac de boue liquide.

Le capitaine Griffiths était un érudit; il se hâta

de virer de bord et, quand nous nous fûmes éloignés à toutes voiles de ces parages dangereux, il nous dit :

— Nous nous trouvons sur la mer de *Sargasse*, où Christophe Colomb faillit voir engloutir ses navires.

J'étais bien jeune alors, mais ce fait me frappa, je le classai dans ma mémoire et ne l'oubliai pas.

Un matin, je dormais encore, le docteur Legendre m'éveilla en me disant :

— Venez donc voir la mer.

Je me hâtai de le suivre.

La mer était couverte, tout autour du navire et bien loin devant nous, de paquets énormes d'herbes et de varechs qui se balançaient au mouvement des lames.

— C'est toujours ainsi dans ces parages, dit le capitaine, qui nous avait rejoints.

— A quoi attribuez-vous cet amoncellement d'herbes? demandai-je au capitaine.

— Nous sommes entourés d'îles, me répondit-il. Le Gulf-Stream, qui contourne l'Amérique, emporte les algues et les herbes du Mississipi et nous les apporte.

Je hochai la tête.

— Ce ne doit pas être cela, dis-je; et vous, qu'en pensez-vous, docteur?

— Je ne sais pas, mais je voudrais savoir.

Le capitaine nous quitta.

— Je crois, dis-je au docteur, je crois pouvoir satisfaire votre curiosité.

— Bon, comment cela?

— Bien facilement, vous allez voir ; venez dans le salon.

Le docteur m'accompagna, j'ouvris mon Roisel, *les Atlantes,* et je lus à mi-voix ce qui suit, page 32 :

« La chute de l'Atlantide, qui fut si subite, semble donc se continuer lentement et les bas-fonds subissent une certaine transformation ; non-seulement les herbes y sont beaucoup moins abondantes, mais les anciennes cartes des seizième et dix-septième siècles indiquent, entre les Bermudes et les Açores, une suite de rochers dont les navigateurs modernes n'ont pas retrouvé trace ; il en est de même entre les îles du cap Vert et les Antilles. Ces deux séries de récifs délimitaient nettement, sur ces vieilles cartes, la mer de Sargasse..... »

Et, page 37 :

« Mille témoignages placent donc dans l'Atlantide le centre d'un affaissement de terrain relativement moderne, et nous avons démontré que, quand bien même ces preuves n'existeraient pas, nous serions encore obligé de conclure à la réalité du continent disparu pour expliquer la dispersion de la faune et de la flore tertiaires.

» Nous voici en présence d'un fait bien acquis, et l'examen comparatif des traditions et des vieux monuments des deux mondes nous conduira aux mêmes conséquences; nous verrons que les analogies qui existent entre les dogmes de plusieurs peuples antiques, d'ailleurs fort éloignés les uns des autres, sont si nombreuses qu'il nous faudra leur attribuer un point de départ commun et le placer nécessairement dans la mer de Sargasse. »

....

— Êtes-vous satisfait? demandai-je au docteur.

— Certes.

— Eh bien, écoutez encore cette tradition conservée par Platon et qui apporterait une vive lumière sur la question; Roisel la rapporte à la vingt-quatrième page de son beau livre.

C'est Platon qui parle :

« Un jour, écrit-il dans le *Timée*, que Solon s'entretenait avec les prêtres de Saïs sur l'histoire des temps reculés, l'un d'eux lui dit : « O » Solon, vous autres Grecs, vous êtes toujours » enfants! Il n'en est pas un seul parmi vous » qui ne soit novice dans la science de l'an-

» tiquité; vous ignorez ce que fit la génération
» de héros dont vous êtes la faible postérité...
» Ce que je raconte remonte à neuf mille ans.

» Nos fastes rapportent que votre pays a résisté
» aux efforts d'une puissance formidable qui,
» sortie de la mer Atlantique, avait envahi une
» partie de l'Europe ; car, pour lors, cette mer
» était navigable. Près de ses bords était une
» île, vis-à-vis de l'embouchure que vous nom-
» mez les Colonnes d'Hercule. On a dit que de
» cette île, plus étendue que la Lydie et l'Asie, il
» était facile de se rendre sur le continent.

» Dans cette Atlantide, il y avait des rois célè-
» bres par leur puissance, qui s'étendait sur les
» îles adjacentes et sur une partie du continent;
» ils régnaient, outre cela, d'un côté, sur la
» Lydie jusqu'à l'Égypte, et, du côté de l'Eu-
» rope, jusqu'à la Tyrrhénie..... Mais il survint
» des tremblements de terre et des inondations,
» et dans l'espace de vingt-quatre heures l'At-
» lantide disparut. »

— C'est très-curieux, dit le docteur, il faudrait tout lire; la science moderne marche à pas de géant et renverse pour toujours les croyances passées et reconnues maintenant fausses; c'est surtout à la géologie, une science née d'hier, que nous devons ces bienfaits.

— Et, ajoutai-je, voilà où nous ont conduits les algues et les herbes qui entouraient, il y a quelques heures, *la Portegna*.

Notre conversation en resta là.

Un employé de la compagnie des Chargeurs réunis s'était embarqué au Havre avec nous, il devait débarquer à Ténériffe; cet employé se nommait Geneau; il avait quitté Paris en même temps que moi; je n'eus qu'à me louer de lui pendant les quelques jours qu'il resta à bord; il me donna un mot pour un de ses amis de Rio-Janeiro, mot qui me fut très-utile. M. Geneau était jeune, gai, bon enfant, spirituel et plein de cœur; tout le monde le regretta sérieusement quand il nous quitta à Ténériffe.

La Portegna marchait bien. Le Pic nous apparut enveloppé d'une auréole de nuages; d'abord il fut à peine visible, mais bientôt nous le vîmes parfaitement sans le secours de lunettes.

Le lendemain, de bonne heure, nous étions en rade de Ténériffe.

Cette île, la plus grande du groupe des Canaries, appartient à l'Espagne.

C'est une île africaine; sa capitale est Santa-Cruz. La population ne dépasse pas cent mille âmes. Son commerce est assez important, surtout à cause de la sûreté de son port et des nombreux bâtiments à vapeur qui y font escale.

La rade est magnifique ; de la mer, l'aspect est saisissant.

Mais quand on met pied à terre, l'impression change du tout au tout.

Il y a un môle en pierres sèches qui tombe à peu près en ruines. La ville est bien dessinée, les rues et les places sont larges et bien aérées, il y a de belles promenades ; mais ces rues sont sales, lépreuses ; on n'y voit que des prêtres et des mendiants. Je descendis à terre pendant une heure à peine, le temps de boire un verre de ténériffe excellent, et je me hâtai de retourner à bord de *la Portegna*.

La mauvaise odeur des rues m'avait presque rendu malade.

Du reste, le docteur Legendre m'avait averti ; donc je n'avais que ce que je méritais.

Rentré à bord, j'admirai le magnifique panorama de l'île, dominé par le majestueux pic, haut de 3.700 mètres et dont les nuages cachaient toujours le sommet.

Il paraît que l'intérieur de l'île est bien boisé et fort agréable à habiter ; je ne sais cela que de ouï-dire.

Vers six heures, le capitaine et les passagers qui étaient descendus à terre arrivèrent à bord. A huit heures du soir *la Portegna*, sous vapeur, mit le cap sur Rio-de-Janeiro.

II

En route pour Rio-de-Janeiro.

Il y a un supplice que le Dante a oublié dans son *Enfer,* c'est celui que cause la réunion de gens venus de tous les coins du monde, d'éducation différente, d'intérêts divers, de caractères disparates, qui sont forcés de vivre ensemble, sans se connaître, dans une intimité ou, pour dire vrai, dans une promiscuité fatigante, à table, au lit, sur le pont, sans qu'il soit possible de s'isoler pendant seulement dix minutes pour reprendre haleine, et cela pendant un mois souvent, et au moins pendant vingt jours et autant de nuits.

C'est ce qu'on appelle la vie de bord pour les passagers.

Pendant les trois ou quatre premiers jours, les choses se passent assez bien.

Chacun met du sien, on se tâte, on fait connaissance, on se sourit, on se fait des mamours, on s'observe; tout va bien. Mais peu à peu les caractères se dessinent, les sourires deviennent rares, on se fait grise mine; au bout de huit jours, on se déteste, on se déchire, les cancans vont un train du diable, l'ennui et l'énervement s'en mêlent, la vie devient alors un enfer.

Les uns passent toute la journée à dormir, d'autres jouent aux cartes ou boivent, quelques-uns lisent ou font semblant. Cela irait encore; mais les femmes entrent en scène et les rivalités commencent. Les enfants piaillent, se jettent dans les jambes; suivent des querelles. Bientôt on en arrive à ne se parler que quand on ne peut pas faire autrement, et on compte non pas seulement les jours, mais les minutes qui séparent encore de leur débarquement les malheureux prisonniers de la mer.

On n'a jamais calculé de combien de siècles se compose une minute pour les malheureux qui aspirent à la délivrance.

Les officiers et l'équipage échappent à ce supplice, et cela est logique : leurs devoirs les protègent, et ne leur laissent pas un instant de repos;

une traversée de vingt jours, ce n'est rien pour eux, ils n'ont pas le temps de s'ennuyer.

Cependant je me rappelais que quand j'étais marin, avant l'application de la vapeur, les traversées étaient d'une longueur désespérante : elles duraient trois mois au moins, il y en avait de six mois et même de huit; les vents debout, les calmes allongeaient démesurément le voyage.

La vie était d'une monotonie désespérante, on ne voyait que la mer et le ciel, on s'aigrissait, on se prenait en grippe et on finissait par se détester; il est vrai qu'aussitôt qu'une langue de terre apparaissait à l'horizon tout changeait comme par enchantement et tout était oublié.

J'étais devenu triste, rêveur, je m'isolais le plus possible; autant pendant les premiers jours j'avais été joyeux, autant j'étais devenu morose.

Je songeais aux trente ans qui s'étaient écoulés depuis que j'avais quitté Rio-de-Janeiro, j'avais presque peur de ce que j'allais voir.

Parmi les livres que j'avais emportés avec moi se trouvait *Balzac chez lui*, par Léon Gozlan; ce livre me tomba un jour sous la main, je le feuilletai; je m'arrêtai sur une page, véritablement navrante, surtout dans la disposition d'esprit où j'étais; elle me frappa douloureusement.

La voici :

« Non, il ne faut rien revoir de ce qu'on a aimé : ni la mer natale où l'on s'est baigné autrefois, ni la maison paternelle au coin calme ou bruyant du carrefour, ni la campagne au pied de la colline parcourue aux heures exaltées de la jeunesse, ni les pays lointains visités avec enthousiasme à vingt ans ; tout cela ne sert qu'à mouiller les yeux, à serrer le cœur, à faire trembler les lèvres ; à quoi bon ? Les objets revus ne sont plus les mêmes, eux ne veulent pas vous reconnaître, et vous, vous les reconnaissez à peine ; vous avez beau leur dire, leur crier : C'est moi ! ils vous disent : Qui, vous ? »

Heureusement pour moi, je ne me laisse pas facilement frapper, je réagis aussitôt ; cette fois je secouai la tête comme un barbet qui sort de l'eau, je me mis à rire et je pris un remède héroïque.

Je me mis au travail ; quand je travaille je m'absorbe complètement dans ce que je fais et j'oublie tout pour vivre d'une existence idéale pleine de charme et de joie indicible.

J'ai remarqué que les Français qui voyagent emportent partout où ils vont la France à la semelle de leurs bottines, ce qui les rend frondeurs et presque toujours injustes, et cela sans s'en douter; au lieu d'étudier ce qu'ils voient ils font des comparaisons avec ce qu'ils ont vu en France, à Paris; ils ne tiennent compte ni des latitudes, ni des conditions climatériques, ni du génie de la race des contrées qu'ils visitent.

Et ils sont de bonne foi quand ils plaignent ces pauvres gens, qui n'entendent rien à notre civilisation.

Ces dignes voyageurs ne réfléchissent pas que ce qui est excellent à Paris serait exécrable à Rio-de-Janeiro, par exemple.

Sans aller si loin, est-ce que les Espagnols, les Allemands, les Italiens, les Hollandais, les Russes, les Suisses, les Hongrois, etc., etc., vivent comme nous, ont les mêmes goûts, les mêmes besoins que nous? Non! mille fois non! Ils sont heureux, et seraient très-malheureux s'ils devaient adopter nos mœurs et nos coutumes, parce qu'elles ne seraient pas dans les conditions qui les obligent à faire ce qu'ils font; ils suivent les instincts innés de leur race et s'en trouvent bien.

Cela est tellement vrai que les Européens établis en Amérique s'étiolent, s'abâtardissent sous des climats en apparence semblables à celui de leur mère-patrie; cela se passe ainsi dans l'Amérique du Nord pour les Anglais, dans l'Amérique du Sud pour les Espagnols et les Portugais. Il en est de même pour les Français du Canada, de la Louisiane, etc. Le croisement seul sauve les Européens en formant ainsi de nouvelles races qui puissent résister aux conditions climatériques des latitudes. Au lieu de railler des coutumes que nous ne comprenons pas, nous devons les étudier, afin de reconnaître et de comprendre pourquoi les étrangers font telle ou telle chose qui nous semble ridicule et qui certainement est logique et obligatoire.

Cela dit une fois pour toutes, je serai impartial autant que cela me sera possible, — car on ne peut répondre de rien avec la meilleure volonté du monde; — mais j'espère tenir ma promesse, car, bien que né à Paris, j'ai si longtemps habité toutes les latitudes possibles, que je n'appartiens plus à aucun pays.

Puisque *la Portegna* fait ses dix nœuds à l'heure, que la mer est belle et que le roulis est à peine sensible, profitons de cette bonace générale pour faire un peu d'histoire.

Le Brésil fut découvert par le Portugais Alvarez Cabral. Le 3 mai 1500, les Portugais mirent pied à terre pour la première fois à *Porto-Seguro;* ainsi que cela arriva chaque fois aux Européens, les indigènes firent l'accueil le plus sympathique et le plus hospitalier aux étrangers à face pâle.

Naturellement l'amiral portugais profita de ces dispositions amicales des Indiens pour planter sur le rivage la croix et un poteau timbré des armes du Portugal, ces deux signes d'invasion qui rendaient ainsi tout un peuple esclave des blancs et le vouaient à un massacre impitoyable dans un avenir rapproché, pour le récompenser de son bon accueil.

Cette côte était habitée par deux nations, les *Tupis* et les *Aymorès ;* que sont devenus les Tupis, avec leurs seize tribus, qui formaient un peuple entier? Qui le sait? Ils ont disparu.

Quel déplorable martyrologe que celui de ces pauvres Indiens, si doux, si confiants, si lâchement massacrés de sang-froid et de parti pris, ainsi que cela se passe encore aujourd'hui dans l'Amérique du Nord, où les descendants des pèlerins de Plymouth, qui se sont présentés en suppliants, ont mis leur sauveurs en coupe réglée, les massacrant sans pitié, et n'ayant qu'un but : anéantir jusqu'au dernier les Indiens qui existent encore.

Les Tupis, ces grands nomades du Brésil, ont à peu près disparu ; de loin en loin, çà et là, dans quelque petit bourg ignoré, on en retrouve quelques restes épars et qui ne sont ni civilisés ni sauvages, à peine des hommes.

Quant aux Aymorès, ces redoutables anthropophages, ils ont résisté pendant trois siècles; mais, définitivement vaincus, ils ont changé de nom, et, sous celui de *Botocudos,* ils errent maintenant, dispersés et réduits, dans les *serras* et les *mornes,* où les forêts vierges les couvrent et les protègent tant bien que mal ; un grand nombre d'entr'eux se sont réfugiés jusque dans le grand Chaco.

Avec eux disparaîtra peut-être bientôt l'ancienne et grande famille brésilienne des Tapuyas, race mère qui comptait dit-on, à l'époque de la découverte, près de cent tribus nombreuses.

Citons deux faits typiques de ces guerres d'extermination.

Le premier fait est raconté par un Anglais. Knivet, soldat volontaire dans une expédition des Portugais, décrit ainsi les résultats d'un combat contre les Indiens :

« Seize mille sauvages furent tués ou faits pri-
» sonniers ; ces derniers furent partagés, comme
» butin, entre les Portugais. On prit ensuite d'au-
» tres bourgades : les vieillards et les infirmes
» furent massacrés et les valides faits esclaves.
» Le pays fut ravagé pendant sept jours. »

Voici le second fait, il est plus fort encore :

La tribu des *Cahétès,* acculée à la montagne

d'*Ahquésiba,* près de Pernambuc, avait commis un meurtre *horrible* sur un évêque naufragé : le gouverneur de Bahia châtia rudement la tribu, ce qui était de juste représaille, mais il condamna la race entière à l'esclavage, *jusqu'à la dernière génération,* frappant ainsi les enfants dans les pères.

Mon impartialité m'oblige à constater que ce décret fut révoqué plus tard, mais quand *il n'y avait plus de Cahétès,* sinon pour les Portugais, qui donnaient ce nom maudit à tous les Indiens prisonniers, couvrant ainsi le vol et la traite.

Après les Portugais, les Français, après les Français, les Hollandais, voulurent mordre au tentant gâteau de miel découvert par l'amiral Alvarès Cabral.

Ici je copie Charles Ribeyrolles, en l'abrégeant; je ne pouvais prendre un guide plus consciencieux et plus exact.

L'amiral de Coligny n'était pas un marin, mais c'était un savant et un grand esprit, ce qui vaut mieux; il avait compris que les grandes choses de son temps étaient aux terres nouvelles.

Il chercha un homme qui comprît sa pensée, il le trouva.

Parmi ses vieux soldats et marins était un ex-chevalier de Malte, vice-amiral en Bretagne, devenu huguenot, nommé Durand de Villegagnon, âme ambitieuse, caractère un peu rude, tête et main de fer, mais ayant l'esprit plus cultivé que les officiers de son temps.

Les deux soldats se comprirent.

Prendre pied, par une expédition qui deviendrait une colonie, dans le nouveau monde, et par là donner à la France une terre qui ferait équilibre aux colonies naissantes de l'Espagne et du Portugal, et subsidiairement ouvrir un refuge aux *hommes de la religion* et fonder, par delà les océans, un asile de liberté; tel était le but de l'entreprise.

L'on était alors sous Henri II : le roi octroya deux navires, plus dix mille livres.

Villegagnon savait la mer, il quitta le Havre le 15 juillet 1556.

La traversée fut longue, sans mauvaises rencontres de guerre, mais coupée de tempêtes, et la colonie flottante ne prit terre à l'entrée du *Gabara* (Rio-de-Janeiro) que le 13 novembre suivant; soldats et matelots, ils étaient quatre-vingts sur les deux navires; une bouchée d'hommes pour les Aymorès ou les Portugais.

Villegagnon commit plusieurs fautes graves et deux qui le perdirent : la première fut son intolérance religieuse. Il était de mœurs austères. Deux matelots lui servaient d'interprètes près des Indiens : un de ces deux hommes vivait avec une fille des Tupinambas ; il lui dit : « Epouse ou quitte » ; le matelot n'épousa pas, mais il conspira.

Il y eut un complot. Villegagnon fit tomber trois têtes, enchaîna les complices et perdit un tiers de ses hommes, trente sur quatre-vingts.

Les renforts arrivaient pourtant. Après avoir traversé la France et s'être reposée chez l'amiral, la petite troupe avait recruté des épées à Paris et à Rouen ; le 19 novembre 1557, elle s'était embarqué à Honfleur sur trois navires ; un neveu de Coligny, Bois-le-Comte, commandait la flottille, qui prit enfin terre, après maintes tempêtes et pirateries, le 10 mars 1558, à l'île de Villegagnon.

Elle portait trois cents hommes, des canons et des Bibles. La joie fut grande, mais elle ne dura pas longtemps.

D'où vint le différend ? Ce point resta toujours obscur.

Théodore de Bèze et tous les chroniqueurs de l'expédition ont accusé Villegagnon d'avoir trahi l'amiral pour les Guises, Genève pour Catherine et sa foi pour son ambition ; ils l'appellent le *Caïn* de l'Amérique ; en même temps, de leur côté, les Portugais et les jésuites le traitaient en ennemi dangereux et redoutable.

Qui croire ?

Si Villegagnon, plus habile, avait attendu, laissant aux pasteurs les choses de l'Eglise, il aurait reçu des renforts : les gentilshommes huguenots se levaient de tous les points du royaume.

L'ambitieux vit mal.

Quant à sa trahison publique, officielle, à sa connivence avec les Guises, il n'y en a pas de trace dans l'histoire ; il n'y a de certain que son apostasie après son retour en France, et c'est trop.

Et les pasteurs ?

Ils furent coupables d'outre-zèle en cette lutte et ne surent point agir ; dès qu'ils furent libres, relégués sur la terre ferme, à la *Briqueterie*, approvisionnés par les Indiens, qui les aimaient, ayant presque toutes les épées du fort qui tenaient à la religion, ils pouvaient beaucoup.

Ils s'embarquèrent !

Doña Catharina d'Autriche envoya deux navires, deux mille soldats et le capitaine Bartolomeo de Vasconsellos ; celui-ci rallia sur la côte hommes, caravelles, munitions, et la flotte portugaise, ayant le gouverneur à bord, entra, le 21 février 1560, dans la baie de Rio.

Cette flotte, appuyée par des renforts, était riche en matériel et forte en hommes de guerre.

Son artillerie tonna deux jours; poudre perdue, le fort résista.

La petite île était gardée par la garnison française et par huit cents *Tapoyos* et *Tupinambas*, archers qui savaient aussi se servir des armes à feu. Le fusil aux mains des Indiens, que devenait l'Amérique portugaise ?

Mem de Sà recula sous le feu jusqu'à la montagne des Palmiers; mais il tint là conseil de guerre, et couvert par l'ombre, après sa retraite de la journée, qui semblait une fuite, il se jeta, par retour offensif, sur les fortifications qui gardaient l'île du côté de la terre.

La garnison dormait; l'assaut fut heureux, le rocher pris, et, la nuit suivante, Indiens et Français abandonnèrent le fort, les uns en gagnant la forêt et les autres la haute mer.

Ainsi finit cette expédition, qui pouvait amener une grande conquête.

En 1620, la république batave avait un gouvernement fort, des États souverains, des armées, des flottes et les plus hardis capitaines de la mer.

Le Portugal était tombé sous la main de l'Espagne, qui le tenait et le traitait comme un vassal en toutes ses entreprises.

De là naquit la guerre entre les deux pays, entre les deux peuples. Cette fois, le Portugal n'eut point à compter avec des Villegagnon, des Duclerc, des Larivardière, pauvres soldats d'aventure, isolés et perdus; il trouva devant lui le prince d'Orange, Barteveldt et Maurice de Nassau, des héros et tout un peuple.

Le véritable mot du but de la guerre fut dit par Jean Usselin, négociant d'Anvers :

« Si nous attaquions l'Espagne en Amérique, ne serait-elle pas obligée d'y expédier une partie de ses forces et d'affaiblir ainsi sa puissance en Europe? »

Le dix-septième siècle fut le dernier effort du moyen âge agonisant : les guerres étaient atroces et sans merci.

Les flibustiers de la Tortue déclaraient « que de l'autre côté des tropiques il n'y avait pas de paix avec l'Espagne. »

Les Hollandais arboraient un balai au grand mât de leurs vaisseaux; ils armèrent des corsaires pour faire la course contre l'Espagne sous le pavillon de la république.

Les armateurs et les négociants hollandais disaient :

« Le Brésil, où les Portugais n'ont que trois cents lieues de côtes, est aussi grand que l'Europe ; cet immense territoire n'a que trois points fortifiés : Pernambuc, Bahia et Rio-de-Janeiro ; une armée navale y peut entrer et les réduire sans grands risques; derrière ces trois ports le pays entier est ouvert. »

Or, ce pays, que donne-t-il?

Des sucres, des essences, des bois, toutes les denrées tropicales, de quoi largement approvisionner l'Europe de l'Escaut au Danube et de la Loire à la mer du Nord.

A qui le fret? à la Hollande!

C'est donc une affaire, une grande affaire!

Au mois de janvier 1634, les Hollandais avaient conquis Itamarca, Parahiba, Rio-Grande. Ils avaient des forts sur toute la ligne de mer et trois provinces étaient ouvertes; en 1636, maîtres de tous les ports, ils avaient, pour garder cent lieues de côtes, dix navires et quatre mille hommes.

Mais la Compagnie hollandaise des Indes tenait pour sa part 387 navires et *trente millions* de prises; elle avait importé pour quinze millions de florins en *marchandises* d'Afrique; l'Espagne engloutissait deux cent millions dans cette guerre.

Les Portugais résistèrent avec acharnement; ils n'eurent pas un instant de défaillance, la guerre fut glorieuse pour eux.

La Hollande avait le dessous dans cette guerre, au point de vue moral et, de plus, elle fut tristement abandonnée.

Les États-Généraux de la mère-patrie n'étaient plus ce fier Sénat qui avait tenu tête à l'*Espagne-monde* de Philippe II.

Les divisions intestines de la maison d'Orange les déchiraient. En Angleterre, enfin, la république se mourait; la guerre pouvait éclater entre les deux sœurs protestantes, meurtre de famille qu'épiait le jeune Louis XIV! La Hollande n'envoya donc plus rien à sa colonie de Pernambuco.

Sommations pressantes, lettres alarmées, supplications restèrent sans réponses, et malgré ce lâche abandon, la garnison ne capitula qu'après sept ans, bloquée dans son dernier fort.

Cette chute ne fut pas une honte, mais une fière retraite.

III

L'arrivée à Rio-de-Janeiro.

Depuis quelques jours, de forts grains nous assaillaient à l'improviste et nous annonçaient ainsi le voisinage de la ligne.

Anciennement, c'est-à-dire il y a une vingtaine d'années encore, le passage de la ligne était une grande fête pour les équipages et le prétexte de saturnales grotesques souvent fort désagréables pour les passagers et les matelots qui, pour la première fois, passaient dans ces parages.

Les matelots se préparaient de longue main à cette fête, qui était pour eux non-seulement un plaisir, mais encore un motif de gains souvent considérables.

Les érudits en cette matière font remonter cette saturnale à Hannon, navigateur carthaginois du sixième siècle avant Jésus-Christ, qui entreprit le tour de l'Afrique, dont il reste une relation grecque sous le nom de *Périple d'Hannon ;* cette prétention me semble un peu forcée. D'autres attribuent cette cérémonie grotesque aux Phéniciens; je crois, moi qui ne suis pas un savant, tant s'en faut, que l'un n'est pas plus vrai que l'autre.

Je pencherais plutôt pour une troisième légende, d'une antiquité très-respectable, puisqu'elle remonterait à l'an 1492 de notre ère.

On raconte qu'à son premier voyage, lorsque Christophe Colomb, à la recherche d'un passage nouveau pour aller dans les Indes, après des péripéties sans nombre, arriva sous la ligne, il annonça à ses équipages qu'ils entraient dans l'hémisphère sud, c'est-à-dire qu'ils avaient quitté définitivement le vieux monde pour entrer dans le nouveau et que, dès ce moment, le succès de leurs efforts était assuré.

Les équipages des trois navires, si éprouvés de toutes les façons, se livrèrent à la joie et fondèrent ainsi une fête qui se continua sans interruption jusqu'à l'application de la vapeur, qui la fit tomber définitivement en désuétude.

Cette troisième légende me semble logique,

mais je ne veux pas m'engager autrement; je me bornerai à dire, comme les Italiens: *Se non è vero è bene trovato.*

Sur les paquebots on se borne à donner double ration à l'équipage; j'ignore si, sur les voiliers, on a conservé la fête de la Ligne.

Aujourd'hui que cette fête des marins n'est plus qu'une tradition qui ne tardera pas à être complètement oubliée, peut-être plairai-je à mes lecteurs, qui ne l'ont pas connue, en leur racontant comment cette fête se célébrait sur les bâtiments de l'État ou marchands.

Ce jour-là, la discipline de fer du bord s'adoucissait pendant quelques heures; c'était un arrêt, une accalmie pour les équipages, qui leur permettait de respirer et de reprendre des forces contre les dangers à venir.

L'Héroïne, corvette à batterie couverte, commandée par le commandant Cécile, sur lequel j'étais embarqué, était par 2 degrés nord, avec une brise du sud-est; avec son secours elle faisait bonne route et coupa la ligne par 21 degrés.

Dès la veille au soir, novices et matelots avaient pris un air sérieux et presque mystérieux qui donnait beaucoup à penser aux quatre ou cinq passagers que nous avions à bord; les gabiers, réunis sur l'avant, chuchotaient avec force gestes et rires étouffés.

Le soir, quand le soleil se fut éteint à l'horizon, au haut du mât de misaine, une voix grelottante se fit entendre :

— Ho ! du navire !

— Holà ! répondit l'officier de quart.

— Courrier du père Tropique.

Et une pluie de fèverolles et de haricots tintèrent sur le pont comme des grêlons sur l'ardoise.

C'était le père la Ligne, ce grand despote de l'équateur, qui se couvre de peaux de bêtes comme un Lapon et qui pourtant a toujours froid, le pauvre cher homme.

Attention !

Plusieurs coups de fouet se firent entendre, et un postillon descendit des barres des hunes de misaine avec l'adresse d'un singe ; il s'approcha de l'officier de quart, le salua et lui remit une lettre d'une largeur ministérielle.

L'officier de quart décacheta la lettre, la lut sans rire, puis il répondit :

— Le commandant aura l'honneur de recevoir Sa Majesté le père la Ligne à midi, demain.

Le postillon salua, et, malgré son fouet et ses éperons invraisemblables, il remonta dans la mâture aussi adroitement qu'il était descendu.

La premier acte était joué.

Le lendemain, au quart de diane, après le lavage du pont, les gabiers s'occupèrent de dresser une tente avec de vieilles voiles; à droite se trouvaient des fauteuils destinés à la cour de Sa Majesté le père Tropique ; à gauche, un autel grotesque et auprès un large siège — fait avec une baille — baquet recouvert d'un tapis mystérieux et comme destiné à de grandes choses; la tente est fermée et un gabier en défend l'accès.

Le matin tout se passe à peu près comme tous les autres jours, sauf quelques loustics qui s'amusent à faire voir la ligne aux novices et aux domestiques au moyen d'un cheveu introduit dans les lunettes du bord.

Le pilotin de quart pique quatre doubles coups, cela veut dire midi.

Les officiers font le point ; aussitôt qu'il est terminé, un ah! de satisfaction s'élance de toutes les poitrines; seuls, les novices et les passagers dans leur for intérieur tremblent un peu de ce qui les attend : on leur a fait des récits si fantaisistes qu'ils se sentent pris de peur.

Tout à coup, une musique enragée se fit entendre à l'avant, précédant un cortège fantastique : d'abord, marchaient deux gendarmes impossibles; en France, il faut toujours des gendarmes, c'est de tradition ; sans gendarmes, il n'y a pas de fête ; bref, après eux venaient un curé flanqué de deux enfants de chœur, puis le diable et une demi-douzaine de diablotins ornés de cornes, remuant des chaînes ; puis, le père Tropique, monté sur un ours ; puis venaient l'Amérique, l'Afrique et l'Océanie dans des costumes pleins de réalisme ; ensuite s'avançaient majestueusement deux ours marchant sur leurs pattes de derrière ; puis venait un char fait avec un affût de caronade ; dans le char se tenaient le père la Ligne, sa femme et son enfant, à qui elle donnait le sein ; la digne dame n'aurait pas été trop laide, n'étaient de scandaleuses protubérances et des mains écaillées comme la peau d'un rhinocéros.

Le royal vieillard était garanti contre le soleil par douze peaux de mouton sur le corps, une perruque de chanvre sur la tête et au-dessus un beau diadème aux larmes d'argent ; les deux majestés se tenaient dans leur char, dignes, graves, glorieuses, flanquées à droite et à gauche par deux sauvages armés de haches et une douzaine de dieux marins plus ou moins allégoriques.

Le commandant était en grande tenue sur son banc de quart, entouré de son état-major.

Le père la Ligne fit arrêter son char devant

le commandant, qu'il salua en mettant pied à terre.

— Bonjour, commandant; il y a bien longtemps que je ne vous ai vu dans ces parages.

—En effet, répondit le commandant, en effet, sire, nous sommes de vieux amis.

— Et j'espère que nous le serons toujours; mais je ne connais pas votre navire, comment se nomme-t-il ?

— *L'Héroïne.*

— Cette corvette est fine, espalmée; elle doit manger la mer. Quel malheur que je sois obligé de lui abattre sa figure d'avant. Et s'adressant aux sauvages armés de haches : Soyez prêts, ajouta-t-il.

— Pardon, sire, reprit le commandant, je connais la loi des tropiques.

— Oh ! vous êtes un vieux loup de mer, commandant.

— Veuillez, sire, accepter ces dix louis pour le rachat de la figure d'avant.

Le père la Ligne empocha les dix louis avec une grimace qui avait la prétention malheureuse d'être un sourire aimable, puis il reprit :

— Tous vos officiers ont-ils été baptisés par le père la Ligne ?

— Tous, excepté trois, messieurs tels et tels.

— Bien, reprit Sa Majesté, le curé réglera leur affaire ; permettez-moi de m'assurer si votre navire est maniable ?

Le commandant descendit de son banc de quart et remit le porte-voix au père la Ligne.

Sa Majesté monta alors sur le banc de quart, fit signe au père Tropique de prendre la barre, ce qu'il fit.

— Attention ! cria Sa Majesté en hurlant dans le porte-voix.

Le maître d'équipage donna un coup de sifflet.

— Carguez la grande voile ! Accourez, enfants ! reprit le père la Ligne.

La manœuvre fut aussitôt exécutée avec un entrain endiablé.

— Bon navire, reprit Sa Majesté, et bon équipage ; et rendant le porte-voix au commandant : Je suis très-satisfait, je vous souhaite un bon voyage ; je n'ai plus qu'à vous prier, commandant, de me laisser baptiser ceux des matelots et des passagers qui ne l'ont pas été.

— Je vous donne toutes les autorisations nécessaires.

Sa Majesté remonta dans son char, mais au même instant une manche à vent fut hissée de la batterie et le curé apparut au trou de la manche à vent.

Il fit un sermon drôlatique qui dura à peine un quart d'heure et fit pouffer de rire tout l'équipage, y compris l'état-major.

Ce curé était chef de la hune de misaine, c'était un Parisien en rupture de *bacho,* ainsi qu'on dit au quartier Latin; son sermon fut trouvé si spirituel et si humoristique qu'un officier le fit mettre dans les *Annales maritimes.*

Ce matelot déserta à Valparaiso et je le retrouvai, plusieurs années après, colonel au service du Pérou et en passe d'être nommé général; c'était un homme remarquable, mais dévoyé.

Aussitôt après le sermon, on procéda aux baptêmes.

Les officiers et les passagers se rachetèrent généreusement; la somme récoltée par le père la Ligne rapporta plus de mille francs, qui furent religieusement bus et mangés à Sainte-Catherine, sans qu'il restât un traître sou, selon l'expression des braves gabiers.

C'était le bon temps alors, comme disent les vieux matelots avec un soupir.

Les gendarmes, les ours et les diables s'étaient mis à la recherche des novices et des domestiques, qui s'étaient cachés pour éviter d'être baptisés; mais ce fut en vain, ils furent tous retrouvés; alors la partie la plus agréable de la fête commença. Les pauvres diables étaient assis sur la baille recouverte d'un tapis dont j'ai parlé : au moment où ils y pensaient le moins, le couvercle de la baille basculait et les novices tombaient dans l'eau, en même temps que des seaux d'eau leur tombaient sur la tête.

Cette cérémonie se prolongea pendant plusieurs heures ; l'équipage eut double ration de vivres et de vin. Le matin, le commandant avait levé toutes les punitions, aussi tout le monde était joyeux.

Le soir on dansa au bignou et à l'orgue de Barbarie.

A dix heures le fifre appela au quart ; la fête était terminée ; tout rentra aussitôt dans l'ordre ordinaire.

Voilà ce que c'était que la fête du père la Ligne.

Je regrette la disparition de cette fête typique ; elle établissait un lien plus fort qu'on le croit entre les matelots et leurs chefs, surtout pendant les longs voyages.

Un matin, le capitaine de *la Portegna* m'annonça que dans quelques heures nous verrions la terre, et que le lendemain nous arriverions à Rio, vers deux heures de l'après-dîner.

Cependant la terre grandissait à vue d'œil ; la mer, solitaire jusqu'à ce moment, se peuplait de navires de toutes sortes : bricks, trois-mâts, voiliers, paquebots, avec leurs panaches de fumée, accouraient de tous les points de l'horizon, les uns suivant la même direction que nous ; d'autres semblaient venir à notre rencontre et nous croisaient en nous saluant du pavillon.

La brise était faible, la mer comme un miroir ; les voiliers semblaient immobiles ; nous les dépassions, main sur main.

Rien de gracieux, de beau, d'attachant et d'intéressant comme le kaléidoscope qui se déroule sous le regard ; rien ne saurait lui être comparé, c'est une féerie, un rêve des *Mille et une Nuits.*

La terre apparaît d'abord comme un nuage à peine visible, puis elle s'affirme, semble une masse confuse ; mais, peu à peu, les contours se dessinent, les renflements apparaissent, la terre prend sa couleur ; on aperçoit des baies, des pointes ; les arbres et les rochers se détachent de la masse, on reconnaît les points de repère. La terre se rapproche de plus en plus, elle semble venir au-devant du navire, et ce que l'on croyait la terre ferme change d'aspect : les îles semblent s'ouvrir pour livrer passage au bâtiment, on aperçoit des fabriques blanches établies sur les pentes des collines ; les goëlands volent autour de nous, quelques caboteurs apparaissent ; chasse-marées, yachts de plaisance passent presque à nous toucher, et cela dure ainsi pendant de longues heures, sans que le paysage, toujours saisissant, soit jamais le même.

Nous nous préparions ainsi aux splendeurs de la baie de Rio.

La terre est le plus excellent médecin contre les ennuis de la vie de bord; les passagers de *la Portegna,* qui depuis quelques jours étaient devenus des tigres d'Hyrcanie et ne pouvaient plus s'adresser la parole sans grincer des dents, à la vue seule de la terre, changèrent subitement, sans transition; ils riaient, plaisantaient, ils étaient devenus des moutons, ils bêlaient, un peu plus il leur serait poussé de la laine sur le dos; rien n'était plus drôle; les haines étaient oubliées; ils étaient heureux, ils allaient dans quelques heures descendre à terre; à quoi bon s'inquiéter de gens que l'on ne reverrait jamais?

Quant à moi, je riais dans mon for intérieur et je haussais les épaules aux protestations d'amitié qu'ils venaient faire les uns après les autres; en somme, ces gens n'étaient ni meilleurs ni pires que tous ceux que j'ai rencontrés dans mes voyages; pourquoi leur aurais-je gardé rancune d'être sots, égoïstes et mal élevés? Ce n'était pas de leur faute, mais seulement celle du milieu dans lequel ils avaient toujours vécu ou plutôt rampé comme ils avaient pu.

La brise s'était levée, *la Portegna* faisait ses onze nœuds à l'heure sans se gêner. Bientôt nous fûmes à l'O.-S.-O. du *Cap Frio* — cap froid—et le *Pan de Azucar* — pain de sucre — qui sert de phare au havre de Rio-Janeiro, nous apparut. Bientôt nous étions devant la barre, au nord d'un îlot garni de batteries et sous le feu du fort Sainte-Croix, qui commande le goulet. Le capitaine fit stopper pour attendre le pilote, qui arrivait à notre rencontre dans un chasse-marée; ce pilote était Français, il appartenait à la compagnie des Chargeurs réunis; il monta à bord et fut reçu par le commandant et les officiers avec des poignées de mains à n'en plus finir; le pilote monta sur la passerelle et on se remit en route.

Les capitaines des paquebots à vapeur prennent le titre de commandant et le premier lieutenant prend naturellement le nom de capitainet je ne sais pourquoi. Peut-être parce que leur navigation est beaucoup plus facile que celle des voiliers? Vanité et pas autre chose!

Il était deux heures quarante-cinq au momen où nous entrions dans la baie; le commandant ne s'était pas trompé d'une minute.

La baie! et d'abord est-ce une baie? D'après

ce que l'on m'a assuré, pas un seul cours d'eau ne se jette dans le port; dans ces conditions, ce ne serait donc pas une baie, et les premiers qui ont découvert cette magnifique rade se seraient trompés, et l'habitude, qui prime tout, aurait ainsi consacré une erreur; ce qui est certain, c'est qu'il n'y a pas d'eau à Rio-de-Janeiro; mais cela importe peu.

Qu'on se figure un vaste lac salé qui va se prolongeant et s'élargissant en trapèze dans une étendue de 100 milles au moins, lac animé d'îles inégales, vertes, odorantes, encadré de collines boisées qui grimpent en amphithéâtre accidenté. Sur ses bords, baignant dans ses anses solitaires, e :plus jolis vallons qu'on puisse rêver. Puis Saint-Domingue et Botafogo, deux stations de plaisance pour les négociants, qui, les affaires terminées, y viennent respirer la brise de mer en se promenant sur la plage. Cette baie merveilleuse est sillonnée par des milliers de navires de toutes sortes : voiliers, vapeurs, embarcations de plaisance, la flotte brésilienne, les stationnaires des nations européennes. C'est un mouvement, une activité indescriptibles; on reconnaît une grande capitale et un peuple actif et travailleur.

Au fond, à 20 lieues de distance, se dressent les monts des Orgues, à 1.000 toises, environ

2.000 mètres, au-dessus de la mer; puis l'hôpital des fous, la Miséricorde, l'Ecole militaire; tous ces monuments regardent la baie.

A la droite, sur une hauteur, paraissent Notre-Dame-de-Bon-Secours, qui fait face aux forts de Villegagnon et de Saint-Théodose; puis l'île aux Chèvres et enfin la ville de Rio, bâtie sur la rive gauche de la baie, au milieu de trois hauteurs fortifiées qui la commandent; au-dessus de la ville, on aperçoit l'aqueduc, qui semble une construction romaine.

Chacun des mamelons de ce terrain accidenté porte à sa cime un couvent, une église, une maison de plaisance, plus souvent encore une batterie dont les bouches à feu se dessinent en noir sur des massifs de verdure.

Cette fois encore, nous retrouvons au Brésil des souvenirs glorieux pour notre marine.

A voir cette belle ligne de défense, ces longues rangées de canons dont le tir converge dans la rade, on est tenté de regarder comme fabuleuse l'historique victoire de Duguay-Trouin, en 1711, quelques années avant la mort de Louis XIV.

En dépit d'une escadre portugaise aussi nombreuse que la sienne, et malgré toute l'artillerie des forts, cet intrépide marin pénétra dans la rade, bombarda la ville, s'en empara et ne la rendit que sous rançon.

Cet admirable coup de main n'avait exigé que quelques vaisseaux et trois mille soldats.

On croit rêver, et pourtant rien n'est plus vrai.

Aujourd'hui, avec les cuirassés et les canons de quatre-vingts et cent tonnes, on éteindrait toutes les batteries des forts en quelques heures, sans même entrer dans la baie.

Ces magnifiques fortifications ont fait leur temps; les positions sont bien choisies, cela est vrai, mais il faudrait les refaire, en ajouter d'autres regardant la mer et la tenant en respect, et surtout enlever les canons actuels, pour les remplacer par des canons à longue portée.

Un sculpteur de génie, nommé Desprès, un Français dont je parlerai plusieurs fois, avait eu une idée grandiose : dans sa pensée il ne s'agissait de rien moins que de tailler le Pan de Azucar,— pain de sucre; j'ai vu dans son atelier le plan qu'il en a fait : c'est sublime; c'est un géant énorme, assis la tête tournée vers le large; il porte une couronne murale dont l'intérieur est une forteresse, et à travers les créneaux s'allongeraient les gueules de canons à longue portée.

Quelle entrée plus splendide pour une grande capitale comme l'est Rio-de-Janeiro!

M. Desprès a fait tous les devis et il affirme que les dépenses de cette œuvre gigantesque ne coûteraient, comparativement, que fort peu d'argent; il m'a expliqué tout cela et je fus émerveillé.

A mon avis, cette idée de tailler une montagne dépasse tout ce qui a été tenté, même par les anciens, qui cherchaient toujours l'impossible.

Je souhaite, pour l'honneur du Brésil, que cette pensée sublime ne tombe pas dans l'oubli et, au contraire, soit exécutée le plus tôt possible.

La Portegna mouilla en grande rade, elle ne devait rester qu'un jour et demi et se rendre à Montevideo.

A peine l'ancre fut-elle tombée que le navire fut entouré de canots et de petits vapeurs qui font le service de la baie. Il existe une activité fébrile dans cette baie, que j'avais vue trente ans auparavant si calme, et je dirai même morne.

Un vapeur, monté par sept ou huit officiers dorés sur toutes les coutures et portant à l'arrière le pavillon brésilien, nous accosta, et les officiers montèrent à bord: c'étaient les employés des douanes.

La douane est une mine d'or pour le Brésil, aussi est-elle admirablement organisée.

Le commandant reçut les douaniers à l'escalier d'honneur et les conduisit dans le salon; il leur offrit des rafraîchissements, mais avec discrétion, comme un homme du monde.

J'étais seul dans le salon, les autres passagers faisaient leurs préparatifs de départ; je lisais les journaux brésiliens, qu'un employé de la compagnie des Chargeurs réunis nous avait apportés.

Je ne m'occupais que fort peu de ce que disaient ces messieurs avec le commandant; ils me paraissaient froids; ils parlaient tous fort bien le français.

Donc je lisais ou plutôt je parcourais les journaux, lorsque je tombai sur *la Gazetta de Noticias,* un des journaux les plus lus de Rio; tout à coup, je vis à la deuxième colonne l'annonce de mon arrivée, et, ce qui est plus singulier, on annonçait que j'apportais un cadeau à l'Empereur. C'était vrai, mais je n'en avais parlé à personne, je tenais à faire une surprise à Sa Majesté.

J'étais stupéfait; il y avait de quoi; qui avait donné cette nouvelle à *la Gazetta de Noticias*? Je ne le sus jamais.

Quand je vins pour la première fois à Rio, la presse était dans l'enfance; aujourd'hui elle a pris une extension énorme, et, le comble, c'est qu'il y a des reporters.

Le commandant causait toujours avec les officiers. Mon nom fut prononcé assez haut pour que je l'entendisse. Au même instant le commandant s'approcha de moi, suivi des officiers, et dit :

— Messieurs, j'ai l'honneur de vous présenter M. Gustave Aimard.

Ce fut alors des compliments et des offres de services à n'en plus finir; je ne savais plus quelle figure faire devant ce débordement d'amabilités.

Je remarquai, *in petto*, que ces messieurs de la santé et de la douane, car ils étaient venus ensemble à bord, traitaient un peu cavalière ment le commandant.

Ainsi je constatai que pendant tout le temps qu'ils avaient causé avec lui, ils avaient conservé le chapeau sur la tête et qu'aussitôt que je leur fus présenté ils se découvrirent et devinrent d'une politesse parfaite.

Le digne commandant ne parut pas s'apercevoir de cette nuance cependant bien tranchée, ou, s'il s'en aperçut, il n'en laissa rien paraître.

Au contraire, il redoubla de courtoisie pour ses visiteurs et fit apporter du champagne.

Évidemment il jouait un rôle, il voulait être aimable avec eux, dans l'intérêt de sa compagnie : ils auraient pu lui causer de graves ennuis, car la santé et la douane sont de véritables puissances avec lesquelles on est contraint de compter pour ne pas être chagriné par les règlements, qui peuvent causer de sérieux embarras.

Ces messieurs voulaient m'emmener à terre avec eux, mais je refusai. On but à ma bonne arrivée à Rio, je répondis par un toast au Brésil ; puis ils prirent congé du commandant et de moi et quittèrent le bord ; nous nous séparâmes les meilleurs amis du monde.

Lorsqu'il les vit enfin partis, le commandant poussa un ouf ! de soulagement.

Il y avait de quoi.

Je ne descendis à terre qu'à quatre heures et demie ; le commandant m'avait prié de l'attendre, il désirait me présenter à M. Leuba, le directeur de la compagnie des Chargeurs réunis à Rio.

Un vapeur nous attendait pour nous conduire à terre.

Je dis adieu aux officiers de *la Portegna* et je quittai enfin le navire.

IV

Rio-Janeiro.

J'avais conservé un souvenir très-morose des rues de Rio-Janeiro.

Ces rues étroites, sombres, pavées en dalles cyclopéennes, mal étagées, silencieuses, tristes, aux jalousies et aux persiennes hermétiquement closes, derrière lesquelles on entendait çà et là des rires cristallins et moqueurs, ces magasins noirs, sales et puants; ces rues dont la solitude n'était rompue que par des nègres et des négresses, quelques Européens égarés dans cet ennuyeux désert; ces carrosses antédiluviens, ressemblant à des corbillards, dont les stores étaient fermés, ces souvenirs m'effrayaient à l'avance.

A cette époque reculée, les dames brésiliennes étaient invisibles et comme cloîtrées, elles ne sortaient jamais à pied dans les rues; une dame qui se serait risquée seule dans les rues aurait été perdue de réputation; les femmes de *medio-pelo* — métisses — osaient seules s'y risquer et encore très-rarement.

Au premier pas que je fis à terre je restai stupéfait.

Toutes les fenêtres étaient largement ouvertes, une foule énorme d'hommes et de dames, vêtus à la dernière mode de Paris, circulait de l'air le plus dégagé.

Rio-Janeiro était complètement métamorphosé : des magasins magnifiques, des cafés, des brasseries, se rencontraient à chaque pas; les hôtels, les restaurants étaient du plus haut confortable; une foule empressée circulait avec cette animation et cette activité que l'on ne rencontre que dans des villes comme Londres ou Paris; de riches équipages, des cavaliers et tout cela allait, venait. Hommes, femmes, ouvriers, moines mendiants, que sais-je encore, encombraient les trottoirs; et, le comble, des tramways attelés de deux et quatre mules sillonnaient toutes les rues de la ville; ces tramways, achetés aux États-Unis, sont très-bien établis; pour vingt reis, environ vingt centimes, on peut traverser toute la ville d'un bout à l'autre et plusieurs des villages qui entourent la ville; ces tramways fort commodes sont ouverts à tous les vents, on peut monter et descendre de tous côtés, ils ont une soixantaine de places.

J'étais littéralement ahuri, il y avait de quoi; j'étais émerveillé de ce changement complet; en somme, j'en étais heureux.

On m'a assuré que ce changement radical dans les mœurs brésiliennes est dû aux tramways.

Qu'un beau jour, les dames, fatiguées ou plutôt jalouses de voir leurs maris, leurs parents et leurs amis se prélasser dans les tramways, firent un coup d'État pacifique en envahissant ces lourds véhicules, et les prenant à l'assaut à la barbe des hommes.

Ce fait doit être vrai, car il est bien dans l'esprit du sexe féminin; j'ajouterai que ce fut un bonheur pour les mœurs et la civilisation.

Dans une capitale comme Rio, les dames ne devaient pas rester en dehors du progrès; ce sont elles, au contraire, qui doivent donner l'exemple.

Les rues du vieux Rio sont très-étroites et horriblement pavées; les tramways les traversent de bout en bout, toujours au galop de deux ou quatre mules endiablées; mais les cochers sont tellement adroits que les accidents sont excessivement rares.

Nous arrivâmes enfin chez M. Lauba, directeur de la compagnie des Chargeurs réunis; il me fit l'accueil le plus sympathique et le plus cordial.

M. Lauba est un des négociants les plus considérés par sa droiture, sa bonté et son intégrité; il me rendit plusieurs services dont je lui ai conservé une grande reconnaissance; il se conduisit toujours avec moi comme un véritable ami; son souvenir me sera toujours cher.

L'heure était trop avancée pour faire quelque chose; je fus contraint de remettre mes affaires au lendemain; un employé de l'agence m'accompagna à d'hôtel de France, un des plus beaux de Rio, mais qui était beaucoup trop cher pour ma bourse; en deux jours, j'y dépensai 3 liv. st.; aussi je m'arrangeai de façon à ne pas y rester longtemps. Du reste, je n'ai eu qu'à me louer de la façon dont je fus traité : à l'hôtel de France j'étais comme j'aurais été à Paris, mais ce n'était pas ce que je voulais; comme je comptais rester à Rio au moins deux mois, il me fallait autre chose qu'un hôtel.

Le lendemain, je me mis en courses; M. Geneau, dont j'ai parlé plus haut, m'avait donné une lettre de recommandation pour un négociant nommé

Sohier, dont il était l'ami; en me quittant la veille, M. Lauba m'avait donné l'adresse de M. Sohier: c'était place de la Constitution, c'était facile à trouver.

M. Sohier était bijoutier et horloger; il gérait la maison Lacroix, de Paris; je tombai dans son magasin à dix heures du matin, comme une bombe.

Au moment où j'ouvrais la porte, un monsieur d'une quarantaine d'années, aux yeux rieurs, à la bouche gourmande, un peu gros et au teint frais et un peu rouge, porteur de la physionomie la plus sympathique que j'aie jamais vue de ma vie, et qui écrivait en manches de chemise devant une table, s'écria en riant et me tendant la main :

— Ah! vous voilà!

— Comment, me voilà? m'écriai-je tout interloqué, en lui serrant la main de confiance.

— Pardieu! reprit-il, je me suis occupé de vous hier.

— Bien merci; mais à qui parlez-vous?

— Pardieu! à vous, à qui parlerais-je?

— Voici la première fois que je vous vois.

— C'est justement pour cela, nous vous connaissons tous ici; voilà la première fois que je vous vois, ainsi que vous me le dites, donc vous êtes la personne que j'attends.

— Comment ! vous m'attendez ?

— Certainement, et la preuve est que j'ai retardé le déjeuner exprès pour vous et que nous allons nous mettre à table. Soyez tranquille, nous mangerons à la française.

— Vous êtes bien aimable et j'apprécie comme elle le mérite cette façon de faire connaissance ; mais êtes-vous sûr de ne pas vous tromper ?

Il se mit à rire, et trois personnes qui se trouvaient dans le magasin firent aussitôt chorus.

C'étaient les employés ou, pour mieux dire, les associés de M. Sohier, un Français et deux Brésiliens, comme je l'appris plus tard.

— Oh ! vous êtes connu à Rio, vous êtes Gustave Aimard, le romancier ; tous vos livres sont dans toutes les mains, en français et en portugais. On vous aime au Brésil, vous vous en apercevrez bientôt, je ne vous dis que cela. Eh bien, me suis-je trompé ? Vous avez dans votre portefeuille une lettre que mon ami Geneau vous a donnée pour moi ?

— Sauf les compliments exagérés que vous m'avez adressés, tout ce que vous m'avez dit est d'une exactitude mathématique ; voilà la lettre de M. Geneau, ajoutai-je en la lui présentant.

— Bon ! nous avons le temps de la lire, reprit M. Sohier en jetant la lettre dans un tiroir.

— Êtes-vous satisfait? reprit-il.

— A peu près.

— Comment à peu près?

— Oui, je voudrais savoir qui vous a si bien renseigné sur ce qui s'est passé entre M. Geneau et moi, et comment vous m'attendiez?

— Vous y tenez?

— Pardieu! j'aime à voir clair.

— Vous avez raison. Hier, un peu après trois heures, mon ami le docteur Legendre...

— Bon, je devine le reste.

— Vous voyez que c'est bien simple.

— En effet; mais vous vous êtes occupé de moi hier, m'avez-vous dit?

— Parfaitement, je vous ai cherché un logement.

— Et vous avez trouvé?

— Assurément; mais nous causerons de tout cela après déjeuner, je meurs de faim, et vous?

— Ma foi! moi aussi.

— Alors allons nous mettre à table.

M. Sohier me fit passer dans une petite pièce servant d'arrière-boutique, où le couvert était mis. Les associés de M. Sohier se mirent à table avec nous.

Un magnifique esclave, presque blanc, nous servit; cet esclave n'appartenait pas à M. Sohier, il appartenait à un Brésilien auquel il le louait pour tant par mois; cet esclave parlait fort bien le français.

Le déjeuner était simple, mais copieux et parfaitement préparé, et assaisonné par une franche gaieté, sans arrière-pensée d'aucune sorte.

On parla beaucoup de la France et surtout de Paris.

On me demanda des nouvelles, je donnai les plus récentes; on but à la République et à M. Grévy, le président de la République française.

Il y a à Rio une colonie française, pas trop nombreuse, vingt-cinq mille environ; tous ne sont pas riches, mais tous travaillent, sont honnêtes sans exception, se respectent et portent haut le nom de Français; ils sont généralement aimés à Rio, ceci est leur plus beau titre d'honneur.

Il est bien rare, en Amérique, que l'on puisse rencontrer une colonie qui ressemble à celle de Rio. C'est un fait qui mérite d'être noté.

Après avoir dégusté un excellent café, on se leva de table.

M. Sohier passa un paletot et me dit :

— Allons, il faut en finir tout de suite.

J'étais de cet avis, je l'accompagnai en faisant un geste d'assentiment.

Un tramway passait : M. Sohier l'arrêta et me fit monter.

— Allons-nous loin ? demandai-je.

— Rua de Riochuelo, 86.

— Hum ! cela ne me dit rien.

— C'est vrai ; à pied nous en aurions pour trois quarts d'heure ; en tramway, nous arriverons en dix minutes.

Rua de Riochuelo signifie rue du Petit-Ruisseau ; cette rue est très-large, munie de trottoirs ; elle est bien pavée, c'est une des plus belles de Rio ; il y a un hôpital, assez beau à l'extérieur ; je ne l'ai pas visité. Cette rue aboutit à l'aqueduc qui donne de l'eau à la ville, mais pas assez ; à l'époque où j'étais à Rio les habitants mouraient littéralement de soif ; le gouvernement s'occupait de donner de l'eau à la ville de façon à ce qu'elle ne soit plus altérée, on amenait l'eau de près de quarante lieues ; c'était un magnifique travail et bien entendu. J'ai appris, depuis mon retour, que l'eau est enfin arrivée à Rio et qu'il n'y a plus de danger que la ville en manque dans l'avenir.

Il y a trente ans, la ville n'avait qu'une population d'au plus cent cinquante mille âmes ; l'aqueduc suffisait ; mais, depuis, cette population a augmenté d'une façon formidable, par les révolutions, les émigrations et grâce à la facilité donnée par les chemins de fer et les paquebots, qui ont singulièrement facilité l'extension du commerce; il en résulte que Rio a aujourd'hui au moins six cent mille âmes et ne s'arrêtera pas là.

L'émigration est considérable à Rio, à cause du gouvernement débonnaire et intelligent, qui accueille bien les étrangers et ne les vexe d'aucune sorte; ils sont assurés de ne pas être exposés à des *pronunciamientos*, des guerres dynastiques et des troubles comme dans les autres États de l'Amérique méridionale. La question de l'eau était donc fort sérieuse; aussi le gouvernement l'a réglée le plus vite que cela lui a été possible. En somme, c'était une question de vie ou de mort pour la ville, et tout le monde y était intéressé.

Le tramway s'arrêta, je descendis; nous étions à dix pas du 86 de la rue de Riochuelo; la maison de M. Lieden, chez qui nous allions, était située au bout d'un long passage. M. Lieden est brasseur; son père, qui était un des premiers colons de l'Algérie, la quitta pour s'établir à Rio, il fut le premier qui fabriqua de la bière; le gouvernement l'encouragea dans son entreprise, qui réussit au-delà de toutes prévisions; cette première brasserie prit le nom de Brasserie nationale. L'Empereur décora le brasseur de la croix de la Rose du Brésil pour avoir importé une nouvelle industrie dans l'empire du Brésil. M. Lieden le fils est né à Alger, il était tout jeune encore quand son père s'établit au Brésil; il prit la succession de son père, dont il suivit les errements et les principes d'honneur et de loyauté.

Sa brasserie, dans ses mains, a pris une grande extension, malgré la concurrence; il y a aujourd'hui plus de vingt brasseries, mais la bière nationale est toujours la plus appréciée par les véritables amateurs de cette boisson.

M. Lieden est marié, il a trois enfants charmants : un grand garçon qui doit avoir une vingtaine d'années, un fils plus jeune et une petite fille, un bébé, gentille au possible. M. Lieden a épousé une sainte créature qui adore son mari, ses enfants, et sa belle-sœur, très-aimable femme qui est veuve et vit avec son frère depuis qu'elle a perdu sa fortune; cette famille est une famille véritablement patriarcale, elle jouit de la meilleure réputation dans toutes les classes de la société brésilienne, en haut comme en bas.

Nous avons ainsi, dans chaque État de l'Amérique, des familles françaises, qui portent haut notre nationalité ; cela console de certains Français ou soi-disant tels qui, avec raison, sont méprisés et conspués par leurs compatriotes à cause de bien des raisons que je ne veux pas dire ici.

M. Lieden pourrait se retirer, il est riche; mais il aime son métier. Il est bien entendu que ses produits ont été primés à toutes les expositions du Brésil et des autres États de l'Amérique.

M. Lieden nous reçut de la façon la plus aimable, nos arrangements furent bientôt faits; je fus heureux d'entrer dans cette excellente famille; je devins l'ami de M. Lieden et je fus toujours reçu par Mme Lieden et son mari de la façon la plus agréable; jusqu'au dernier moment, ils furent aux petits soins pour moi; je conserve d'eux le meilleur souvenir.

Il fut convenu que j'entrerais le lendemain.

Le soir, je dînai à l'hôtel de France avec MM. Sohier et le docteur Legendre, que j'avais invités.

Le lendemain *la Portegna* partit au lever du soleil pour Montevideo.

Après avoir réglé mon compte à l'hôtel de France, je me rendis chez M. Lieden, où je m'installai.

M. Sohier, mon aimable et excellent cicérone, m'accompagna au consulat de France, où il était de mon devoir, à mon arrivée à Rio, de saluer le représentant au Brésil.

La France est généralement mal représentée à l'étranger ; c'est triste à dire, mais cela est vrai; ses consuls comprennent fort peu leur mission. J'ai vu bien des consuls pendant mon voyage, je n'en ai rencontré que trois qui faisaient véritablement leur devoir : le consul de Montevideo et celui de Buenos-Ayres, et le vice-consul de Mendoza.

Ma visite fut courte et froide.

Le chargé d'affaires au Brésil s'était embarqué pour la France la veille de mon arrivée. M. Benedetti, que tout le monde connaît, gérait la légation pendant l'absence du chargé d'affaires ; je ne me crus pas obligé à lui faire une visite.

En quittant le consulat, M. Sohier m'offrit de courir les journaux. Partout je fus accueilli les bras ouverts et de la façon la plus cordiale.

Je fus véritablement très-agréablement surpris de voir une presse aussi sérieuse et aussi instruite; j'avoue que j'étais loin de m'y attendre.

Les journaux sont fort bien faits: ils ont de la verve, du brio et souvent une profondeur et une sûreté de vue véritablement incroyables.

La liberté de la presse règne à Rio, grâce à l'Empereur, et cela sans restriction d'aucune sorte.

Les satires s'en donnent à cœur joie sur les ridicules de toutes sortes et les agissements des prêtres, des moines et de toute la sainte séquelle ;souvent ils les attaquent d'une façon très-mordante, mais l'Empereur est le premier à en rire.

La Revista illustrada est le premier journal satirique de Rio ; il est rédigé par M. Angelo Agostini. Il possède une verve endiablée et une causticité redoutable, mais toujours de bon ton, et d'un mot spirituel et toujours juste il cloue au pilori le pauvre hère qu'il exécute.

M. Angelo Agostini serait, à mon avis, à Paris même, un des plus mordants et le plus joyeux de notre pléiade de la petite presse.

La Gazetta de Noticias est un des premiers et certainement le mieux fait de tous les journaux du Brésil ; c'est ce journal qui, même avant mon arrivée à Rio, avait fait un article charmant pour me souhaiter la bienvenue.

La Revue brésilienne est un journal très-lu, admirablement rédigé par des jeunes gens très-instruits, de véritables érudits ; elle est politique et littéraire, du même format que la *Revue des Deux Mondes* de Paris, mais elle est plus attachante et surtout moins ennuyeuse.

Rio possède un journal français, le *Messager du Brésil*, fait par un journaliste de la vieille roche, écrit haut la main, très-intéressant, et qui s'est donné la mission généreuse de défendre les intérêts français: le rédacteur du *Messager du Brésil* se nomme Deleure, il est Français et Parisien jusqu'au bout des ongles; tout ce qui s'échappe de sa plume, même fait à main levée, a un certain cachet et une originalité *sui generis* qui sont un maître.

J'avoue humblement que j'étais loin de m'attendre à rencontrer, à trois mille lieues de mon cher Paris, un journaliste aussi habile et qui est doublé d'un érudit. M. Deleure représente fièrement et noblement l'esprit français au Brésil; je l'ai aimé dès le premier moment; je ne sais comment on ferait pour ne pas l'aimer, tant il est bon et sympathique.

J'ai été excessivement touché de la manière dont tous les journaux, sans exception de nuances, m'ont reçu; on ne peut être plus aimable et plus serviable.

J'ai oublié le nom des autres, à mon grand regret; j'aurais voulu les citer tous, car tous méritent d'être connus.

Les journaux brésiliens se plaignent avec raison d'un certain individu dont je ne veux pas même écrire ici le nom.

Cet homme, accueilli et choyé par la presse brésilienne, n'a rien trouvé de mieux, pour prouver sa reconnaissance au pays dans lequel il avait reçu une hospitalité sans limites, que d'écrire des lettres et des pamphlets odieux contre les hommes et les institutions du Brésil, qu'il ne connaissait pas et que, par conséquent, il n'était pas en mesure de critiquer.

V

L'indépendance.

La ville de Rio-Janeiro est très-intéressante à visiter ; c'est ce que je me propose de faire en détail; mais, avant de me lancer dans ces excursions, je crois qu'il est important de faire connaître comment le Brésil conquit son indépendance et a pris un rang si honorable dans la grande famille des nations libres et véritablement civilisées.

Cette fois encore, je suivrai notre confrère Ribeyrolles, qui connaissait l'histoire de cet intéressant pays aussi bien que s'il était Brésilien. Son grand ouvrage, le *Brésil pittoresque,* est une œuvre remarquable sous tous les rapports; malheureusement, la mort l'arrêta à l'improviste et ne lui permit pas d'achever son œuvre; mais ce qu'il a écrit restera et sera toujours consulté avec fruit.

Bonaparte devenu, par le crime odieux de Brumaire, Napoléon Ier, empereur des Français, voulait abattre l'Angleterre, âme et caisse des coalitions ; ne pouvant la frapper dans son île, il ordonna le blocus contre elle à tous les rois ses vassaux; il espérait par là tuer son implacable ennemie.

Qu'advint-il de cette aventure, plus difficile à mener à bien que dix Austerlitz? L'Angleterre s'enrichit par la contrebande; la plupart des princes trahissaient la ligue.

La royauté portugaise aima mieux s'expatrier et fuir que lutter contre son puissant ennemi.

Que pouvait-elle faire contre les armées de Napoléon? Avec les Anglais ou sans les Anglais, que pouvait-elle sur les mers? Mieux valait cent fois le vieux titre et les colonies qu'une couronne vassale sous la main de Junot.

Voilà donc un nouveau convoi portugais qui traverse l'Océan.

Ce n'était plus cette fois les flottes si fières des Albuquerque et des Cabral. Les temps d'Emmanuel sont passés! C'est le dernier convoi de retraite; c'est la maison royale de Portugal qui émigre sous l'escorte britannique.

Cet exode douloureux, d'une des plus anciennes races royales du vieux monde, allant chercher un refuge dans l'Amérique presque encore barbare, eut une grandeur triste.

En abandonnant le royaume, peut-être pour toujours, le prince régent adressa une proclamation au peuple, atterré de cet abandon.

Il n'y eut pas dans cette protestation suprême la fierté des vaillants, mais la plainte était juste et eut un grand retentissement dans les deux mondes.

L'invasion du Portugal, comme celle de l'Espagne, fut un crime, et ces excès de la force amenaient et légitimaient les représailles qui, plus tard, conduisirent les Cosaques à Paris.

La violence est mauvaise contre les patries, elles sont sacrées.

Le régent de Portugal et sa cargaison de majordomes touchèrent à Bahia.

L'ancienne capitale du Brésil leur fit un accueil royal : elle les voulait garder; mais qu'aurait dit Rio? C'était semer la discorde dès le premier pas sur les terres du Brésil; le régent se rendit à Rio : fêtes somptueuses, respects attendris, cérémonies, la ville et la rade firent merveille!

Pourquoi toutes ces fêtes et ces spectacles? N'était-ce pas le convoi de la fuite, de l'exil, tristement abrité sous une flotte étrangère? il n'y avait là ni gloire, ni science, ni liberté, comme au temps des Colomb, des Albuquerque.

C'était le vieux privilège royal qui venait prendre du repos dans ses fermes.

Mais il y avait là un gouvernement, le Brésil allait devenir une puissance et Rio capitale souveraine, grand chef-lieu de la patrie.

Que de grandes choses on aurait faites sans les majordomes et les chambellans!

Ils entrèrent dans la ville de Saint-Sébastien — autre nom de Rio — en maîtres, de par le privilège et le roi; contributions, réquisitions, la haute main sur tout: sur les fonctions, sur les terrains, sur les bâtiments; ils épuisèrent le bon plaisir, et ne purent lasser la patience des Brésiliens, tant ceux-ci comprenaient bien que le *pouvoir*, chez eux, était une première indépendance.

Le prince régent, d'ailleurs, venait d'ouvrir tous les ports du Brésil aux puissances amies; il restait bien un droit de douane à payer, 24 0/0 sur la valeur, mais la vieille muraille chinoise était renversée : le Brésil s'ouvrait à l'Europe, il entrait en communion d'échange avec les autres peuples... et les ballots ne viennent pas tout seuls !

Ces deux faits si considérables sont à marquer ici ; la maison de Portugal ne s'en doutait guère ; mais ils étaient un double affranchissement.

Ayant la royauté chez lui, quoique dans la forme la plus féodale et la plus vieille, le Brésil prenait possession de lui-même, et par le décret de libre commerce il entrait dans la grande relation humaine.

C'était presque le jour du baptême.

Si le prince régent, devenu le roi Jean VI, avait compris la pensée nationale du nouveau royaume qui l'accueillait si bien, s'il avait voulu pratiquer la politique du Brésil, il aurait fondé l'un des plus grands établissements du siècle ; mais il était trop imbu de l'orgueil métropolitain, trop jaloux des traditions antiques et des vieux privilèges ; en un mot, il était trop *Portugais*.

Dans ses conseils, ses administrations, dans ses ambassades, il n'avait fait entrer que des nobles, ses *grands*, ceux de Lisbonne.

Or, ces hobereaux étaient avides, arrogants et durs comme ceux de Coblentz le furent à Paris.

Ils avaient le pied à tous les étriers et la main dans toutes les caisses.

C'était une véritable émigration gloutonne et rapace qui considérait le Brésil en pays conquis, et l'exploitait sans merci, comme sans vergogne.

L'indignation était générale, la scission et l'insurrection éclatèrent à Pernambuc. La révolte fut écrasée, comme toutes les révoltes partielles qui sonnent le tocsin avant l'heure; les cours de justice et les prisons s'ouvrirent; les bourreaux entrèrent en besogne.

Il y eut des exécutions et des bannissements.

Rigueurs inutiles, sang perdu!

De nouveau le vent soufflait de l'Europe, le grand vent! Il y avait eu une révolution à Naples, en Espagne, le Portugal lui-même s'était levé, sa junte siégeait à Porto.

Le Portugal constitutionnel, voulant donner un gage à l'Europe, avait rappelé son roi; les Cortès le prenaient, et, n'osant pas se constituer en république, l'Assemblée ne voulait pas laisser la patrie vassale d'une administration lointaine; elle rêvait enfin les grandes expéditions, les riches colonies, les destinées perdues.

Le Brésil, de son côté, voulait deux choses: *indépendance* et *constitution*.

Or, le roi parti, le gouvernement perdu, le pouvoir à Lisbonne, que devenait l'indépendance? Et, le Brésil retombé colonie sous des décrets des Cortès ou du roi, que devenait la constitution?

Déchéance ou révolution, il fallait choisir.

Le pays n'hésita pas longtemps; après maints tumultes, il laissa le roi Jean VI partir avec ses majordomes.

Il envoya pour la forme ses députés aux Cortès portugaises, et il attendit en organisant ses forces pour l'heure décisive.

La réponse de Lisbonne, où la cour avait repris ses sièges, fut brutale et significative.

On divisait le Brésil en gouvernements provinciaux; les capitaineries entraient sous la dépendance et la juridiction du gouvernement métropolitain.

Enfin on rappelait le prince-régent.

Quel cas le roi Jean VI faisait-il donc de sa parole et de son serment? Dans son décret du 7 mars 1821 n'avait-il pas écrit et signé « qu'il adhérait de sa volonté sincère, expresse, absolue, à tous les principes de la constitution portugaise, et qu'il entendait qu'elle fût entièrement appliquée et pratiquée *dans ses trois royaumes?* » Ne rappelait-il pas enfin, dans ce décret, « que, le 24 février précédent, il avait, d'accord avec toute la famille royale, juré solennellement d'observer, de garder et de maintenir ladite constitution dans tous ses domaines », et cela *devant le peuple et l'armée de Rio.*

Jean VI était un de ces rois de l'ancien temps — ils ne sont pas tous morts — qui regardaient leur prérogative comme absolue, comme supérieure à tous les engagements humains et se pouvant délier à toute heure et en toutes choses; c'était une incarnation débile, mais têtue, du droit divin. Il avait la *conscience féodale* et n'était pas aussi responsable que d'autres qui, sachant la justice, *lient et délient* selon les chances et les occasions propices.

Les peuples ne comprennent pas ainsi la foi jurée, la religion du serment, et menacé dans tous ses droits par les déclarations des Cortès portugaises, le Brésil se révolta.

Dans toutes ses provinces, au Maragnon, au Para, à Pernambuc, à Bahia, etc., il y avait des juntes provisoires; ces administrations révolutionnaires, dans la première phase du mouvement, avaient lutté contre Jean VI pour les Cortès et la Constitution; elles étaient alors en pleine communion avec les troupes portugaises, qui demandaient partout, avec énergie, à prêter le serment civique, et c'était à cet accord fraternel des deux forces étrangère et brésilienne qu'avaient résisté les lenteurs royales.

Mais cette fois le débat avait changé, c'était une question plus haute qui s'agitait, un intérêt plus puissant, un devoir sacré qui parlait aux masses, c'était la vie elle-même : l'indépendance !

Les Portugais d'Europe, soldats, fonctionnaires, colons, prirent parti pour les Cortès, pour le roi Jean VI, pour la métropole; ils avaient partout, dans le pays, des forces puissantes, les généraux, les garnisons, les maisons de commerce, les vastes propriétés; héritiers de trois siècles, ils tenaient au sol, aux industries, au gouvernement, et ils étaient très-redoutables.

Les Brésiliens, au contraire, étaient divisés et affaiblis par les ambitions rivales des villes et des provinces; leurs juntes révolutionnaires, effervescentes, mal réglées, n'avaient ni l'unité de vue, ni l'unité de commandement, deux lois de la victoire ; il y avait là, comme en toute jeunesse de peuple, de belles, de vaillantes fougues, des passions saintes, des dévouements profonds; mais il y avait aussi les prétentions personnelles, les jalousies de tribuns ou de fonctions, l'orgueil des éloquences et celui des épées, toutes ces maladies de club et de camp propageant l'anarchie et les crises dont les révolutions ont tant souffert.

Malgré ces divisions funestes, ces désordres et ces tiraillements, le Brésil, à la longue, aurait chassé l'étranger, tant le décret des Cortès avait partout irrité les cœurs et soulevé les provinces; quand un peuple s'agite ainsi pour un but simple et sacré, les forces militaires ne sont rien : tôt ou tard, garnisons et murailles s'écroulent d'elles-mêmes.

Cette fois, d'ailleurs, il y avait dans ce drame un troisième personnage; c'était un homme actif, ambitieux, prompt à concevoir, prêt aux luttes et qui n'était pas comparse à quitter la scène pour prendre la mer.

Ce personnage était don Pedro de Bragance, fils de Jean VI et prince héritier des trois royaumes (1).

C'est une figure historique aujourd'hui, elle mérite d'être connue; d'ailleurs, comment expliquer les faits sans les passions, les événements sans les caractères, les choses sans les hommes ?

Don Pedro de Bragance avait accompagné son père au Brésil lors de l'invasion française; hardi, jeune et fort, il se plaisait mieux aux luttes, aux chasses, aux revues, qu'aux travaux tranquilles,

(1) Ribeyrolles, surpris par la mort, n'a pas eu le temps de revoir et de corriger son ouvrage; les corrections furent faites par son collaborateur, qui était Brésilien. Nous avons cru devoir conserver le texte de l'auteur, malgré les fautes de style qu'on remarque et que Ribeyrolles aurait fait disparaître.

et, de 1808 à 1820, il ne prit qu'une part presque négative à la politique, aux affaires du gouvernement.

C'était une de ces natures vivaces et riches de sang, qui ont des énergies magnifiques ; si l'étude épure et règle leurs instincts, si l'éducation les dompte, elles s'emportent au bien avec passion, avec éclat et font les héros ; si elles sont livrées à elles-mêmes ou mal dirigées et gouvernées, elles s'emportent aux violences aveugles.

Maintenant, quelles furent les premières leçons que reçut le prince don Pedro ? Les méticuleuses étiquettes de cour, les préjugés féodaux, la religion des privilèges de naissance et des prérogatives absolues, et ainsi pour tout.

Mais, heureusement pour lui, don Pedro eut un grand maître : son temps ! Il vit des révolutions terribles, des catastrophes inouïes ; il entendit passer les idées et les armées ; il comprit que le moyen-âge était mort et qu'il fallait entrer dans le grand courant ; de là deux natures en lui, deux penchants, deux entraînements : l'homme du passé qui joue au décret, fait de la force, viole les assemblées, et l'homme du siècle, qui revient toujours à l'ère nouvelle : *indépendance, constitution, droit humain.*

Cette contradiction fit sa destinée, et nous la

retrouvons à chaque acte, à chaque pas dans cette vie qui, malgré de grands écarts, ne fut pas cependant sans honneur.

La révolution du Portugal et son programme, basé sur la constitution de Cadix — 1812, — avaient profondément ému le Brésil; la province de Maranhão avait adhéré, Bahia avait nommé sa *Junte provisoire de gouvernement*, et dans Rio, la manifestation du peuple et des troupes liguées, sur la place de Rocio, fut presque une révolution.

Ce jour-là que fait le prince héritier? il se mêle à la foule hardiment, officiellement, la harangue en tribun; il engage son père dans le sens de la constitution et prête lui-même serment sur la tête du Christ, sainte et pâle figure que tant de parjures ont outragée.

C'était une belle entrée de révolution, et don Pedro de Bragance était en bonne voie; mais voici le revers :

Dans son décret du 7 mars 1821, le roi Jean VI, en annonçant son départ prochain, avait investi son héritier du titre de lieutenant, chef des pouvoirs, sous un gouvernement provisoire.

Or, quelles attributions aurait ce lieutenant? que serait ce gouvernement provisoire? On ne savait, et les électeurs, inquiets pour la liberté, décidèrent que la constitution espagnole de 1812 serait la loi de l'intérim. C'était une sauvegarde habile, mais le prince lieutenant, mis ainsi sous la *Constitution* et sous la *Junte*, fit envahir par la force armée cette nouvelle *Salle du jeu de paume;* deux électeurs furent tués, plusieurs furent blessés, d'autres jetés en prison et, le 22 avril 1821, parut un nouveau décret de Jean VI organisant la lieutenance et le gouvernement provisoire ; le bon roi déléguait à son fils toutes les attributions souveraines, et lui donnait pour conseillers responsables ses amis et ses compagnons; sur ce, las de décrets, de harangues, de juntes et de constitutions, Jean VI s'en alla en disant à son fils, en un suprême adieu : « Je vois bien que le Brésil ne tardera pas de se séparer du Portugal, et, dans ce cas, si vous ne pouvez me conserver la couronne, gardez-la pour vous, afin que le Brésil ne tombe pas en des mains aventurières. »

Judicieux conseil de père, qui fut bien suivi par don Pedro !

Toutes les provinces fermentaient; elles se levèrent. Bahia refusa nettement de reconnaître le nouveau pouvoir. Le Para, la Maranhão, Pernambuc travaillaient aux juntes ; on chassait les gouverneurs, on ne payait plus les redevances, et s'il y avait eu dans cette crise effort commun, corrélation entre les plans, accord des chefs du mouvement, cette fois la révolution aurait culbuté la dictature et le gouvernement.

Le prince savait entendre les voix de l'opinion, la note des rues, le vent des houles humaines, et lorsqu'il vit Rio, sa capitale, entrer en lutte ouverte, il accepta l'assemblée provisoire, sanctionna les attributions qu'elle s'était données au nom du peuple, ouvrit les prisons qu'avait remplies son coup d'Etat d'avril et coqueta de grâce brésilienne avec la Junte.

Le prince régent rentrait ses ambitions et ses griffes.

Tout à coup une grande parole éclata, elle venait de la province de Saint- Paul; malgré certaines réserves savantes, c'était une voix de révolution.

Le pays et le prince comprirent l'appel énergique de Jose Bonifacio de Andrade, l'auteur puissant de la brochure; il fut appelé dans les conseils du régent.

Don Pedro, dès ce moment, n'hésita plus à marcher au trône et à servir l'*indépendance*.

Il travailla, non sans péril, à pousser à la mer les forces portugaises qui tenaient la capitale et les côtes; il ne laissa point pénétrer dans la baie les flottes qu'on envoyait de Lisbonne. Avec de petits moyens, au milieu des troubles et des divisions, il organisa la défense, et quand sur un point du pays s'amassait un peu d'ombre, il y allait loyalement de sa personne.

Le prince régent connaissait la province de Minas-Geraes, une des plus souffrantes et des plus énergiques de l'empire; il s'y rendit, éclaira les esprits, ramena les cœurs, et ce fut à son retour, en traversant la plaine d'*Ipironga*, près de Saint-Paul, qu'il jeta vers la mère-patrie portugaise cette fière et grande parole : « *L'indépendance ou la mort!* »

Son activité, d'ailleurs, et son énergie n'eurent pas un jour de fatigue pendant cette phase un peu confuse et mêlée de crises intérieures; il donna au Brésil des armes, un drapeau, signe d'indépendance et de souveraineté.

Ce jour-là le prince régent gagna l'empire.

Il publia décret sur décret contre Lisbonne, ses Cortès, ses troupes, ses gouverneurs et ses flottes. Il épura son ministère et sa maison. Sous l'inspiration de Jose Bonifacio de Andrade e Sylva, il fit un édit d'amnistie au nom du Brésil *indépendant*, avec réserve et sous injonction pour les *non conformistes* d'aller vivre ailleurs. Il couronna son œuvre, enfin, par une proclamation au pays, l'appelant aux élections générales et disant : « Je ne mets ma gloire qu'à gouverner un peuple *généreux et libre.* »

Les Cortès brésiliennes étaient installées, le prince régent avait le trône; Jose Bonifacio était ministre de l'intérieur, et si la faction portugaise tenait encore aux provinces du nord, ce n'était qu'une dernière convulsion : le Brésil était affranchi, souverain.

Le prince régent avait pris le titre de : Défenseur perpétuel de l'*indépendance et de la liberté brésiliennes;* ce titre, il le conserva en montant sur le trône.

On reproche bien des erreurs à don Pedro Ier. C'est possible, ses fautes venaient de son éducation, ses grandes qualités lui appartenaient en propre.

A l'époque où toutes les cours le poussaient dans les voies de l'absolutisme, l'empereur don Pedro écrit une Charte et dans cette Charte ces choses :

« La religion catholique est la religion de l'empire, mais toutes les religions sont tolérées avec l'exercice de leur culte particulier, etc. » (T. Ier, A. C.)

Et plus loin :

« Les étrangers *naturalisés,* quelle que soit leur religion, sont citoyens brésiliens, etc. » (T. II, A. C.)

Puis encore :

« *Les représentants de la nation brésilienne sont l'Empereur et l'Assemblée; tous les pouvoirs, dans l'empire du Brésil, sont délégués à la nation!!!* » (T. III, A. II.)

L'homme qui a écrit cela était un grand esprit et un véritable citoyen, un politique hors ligne.

Don Pedro Ier, dans son abdication, fut digne et calme ; il ne descendit pas à l'insulte ; il confia son fils à l'empire naissant et lui donna pour tuteur un de ses anciens amis, ce même Jose Bonifacio d'Andrade qu'il avait proscrit jadis.

« Ayant, lui disait-il, mûrement réfléchi sur la situation politique de cet empire, reconnaissant combien mon abdication est nécessaire et ne désirant plus sur la terre que la gloire pour mon nom, le bonheur pour ma patrie, je tiens pour bon, en vertu du droit que la constitution m'accorde (chap. V, art. 130), de nommer de fait, tuteur de mes enfants bien-aimés le très-digne et très-patriote citoyen Jose Bonifacio de Andrade et Sylva, *mon véritable ami.*

« Don Pedro Ier. »

Cette lettre n'est-elle pas pleine de grandeur et de loyauté?

Avant de quitter la rade de Rio, don Pedro Ier

écrivit cette dernière lettre à ses amis et à son pays :

« Ne pouvant adresser mes adieux à chacun de mes vrais amis en particulier, les remercier de leurs bons offices, ni leur demander pardon de toutes les offenses qu'ils auraient pu recevoir de moi, offenses non intentionnelles, qu'ils en soient bien certains, j'adresse cette lettre au public, pour que mes fins soient remplies.

» Je me retire en Europe, regrettant ma patrie, mes enfants et mes vrais amis. Quitter des êtres si chers est cruellement sensible au cœur le plus dur; mais les quitter pour soutenir son honneur, c'est une gloire suprême.

» Adieu, patrie! adieu, amis! adieu pour toujours!

» A bord du vaisseau anglais *Warspites*, 12 avril 1831.

» DON PEDRO DE ALCANTARA DE BRAGANCE ET BOURBON. »

Cette lettre est admirable, c'est un chef-d'œuvre de sensibilité, le cœur déborde à chaque mot.

Toutes les fautes qu'on reproche à don Pedro Ier sont effacées par ce seul fait : il a donné l'indépendance et la liberté à son pays.

Les Brésiliens le comprennent si bien qu'aujourd'hui la statue équestre de don Pedro Ier a été érigée sur la plus belle place de Rio, la place de la Constitution.

Et tous les Brésiliens reconnaissent que c'est justice.

VI

Le gouvernement brésilien.

Il se passe en Amérique certains faits que personne ne remarque, et qui, dans un avenir prochain, auront probablement une influence énorme sur les destinées du nouveau monde.

Lorsque les colonies du nord et du sud eurent conquis leur indépendance, de toutes les colonies affranchies deux seules marchèrent franchement dans la voie du progrès, et après des secousses terribles qui étaient inévitables, à force de courage et de persévérance ont réussi à conquérir une autonomie réelle, et, par suite, sont devenues fort riches, respectées et ont fondé de grandes puissances en Amérique.

Ces deux colonies sont, dans l'Amérique du nord, les Etats-Unis, et dans l'Amérique du sud, le Brésil.

La première est une république, la seconde est une monarchie.

Les Etats-Unis sont beaucoup plus avancés que le Brésil, aussi sont-ils plus vieux de près de cinquante ans.

Les puritains, les pèlerins qui vinrent chercher un refuge dans le nouveau monde, par leur religion et leurs principes, étaient républicains sans s'en douter. Aussi, dès qu'ils eurent chassé leurs anciens maîtres ils se mirent tout naturellement en république; ils y étaient préparés de longue main. D'ailleurs, la race anglo-saxonne, par instinct, a toujours penché vers cette forme de gouvernement.

Au Brésil, le contraire se produisit; ce ne furent pas des pèlerins et des sectaires qui émigrèrent dans cette partie de l'Amérique, ce fut toute la famille royale de Portugal, fuyant devant l'envahissement de son pays par les armées françaises.

L'arrivée de la famille royale de Portugal au Brésil fut un événement considérable pour cette colonie, et pour les colons l'aurore d'une ère nouvelle et l'assurance d'une émancipation prochaine.

Cela était fatal ; en voyant de près cette cour caduque et féodale, les colons la méprisèrent; de son côté, la famille royale ne comprenait pas son nouveau peuple; elle était gênée, ce n'était pas ce qu'elle avait espéré trouver; aussi, dès que l'occasion lui fut offerte de retourner en Europe avec ses oripeaux démodés, elle se sauva en sachant très-bien que le Brésil était perdu pour elle, ainsi que le dit nettement le roi Jean VI, au moment de quitter Rio, à son fils, qu'il avait nommé son lieutenant-régent.

Ainsi, par des motifs complétement différents, les États-Unis et le Brésil arrivèrent à une prospérité qui, aujourd'hui, s'est affirmée aux yeux du monde entier.

Don Pedro II avait cinq ans lors du départ de son père pour l'Europe.

L'enfant était né Brésilien, la patrie l'adopta; il fut proclamé.

Les crises cessèrent aussitôt.

Par quel miracle ce pays, si profondément agité depuis dix années, se calma-t-il aussi subitement? Les plus farouches sectaires s'inclinèrent devant la faiblesse et s'attendrirent devant l'enfance; ils sont pères aussi, il n'y a pas de politique qui résiste aux têtes blondes, leur faiblesse fait leur puissante égide. D'ailleurs, le jeune empereur n'était-il pas adopté par la nation? Le calme se fit surtout parce qu'il y avait un conseil de régence *brésilien,* une administration *brésilienne;* c'était un dernier affranchissement. On pouvait se quereller aux Chambres, dans les ministères, au conseil de régence, dans les provinces et dans l'armée, on pouvait tenter des émeutes et crier; toutes ces violences n'étaient que des souffles qui ridaient parfois la surface, mais n'agitaient pas le fond.

Les masses restaient calmes et tranquilles; sous la couronne de l'enfant, elles voyaient l'étoile radieuse de l'*indépendance!*

La pensée des peuples est tenace et longue.

Après dix ans de tutelle et de minorité, don Pedro II entra dans l'entier et plein exercice de ses prérogatives; il devint responsable devant son peuple et surtout devant l'histoire, qui commençait pour lui; acclamé empereur en 1831, il devint son maître en 1840.

Le jeune homme avait grandi dans le travail et l'ombre, il était assez peu soucieux des plaisirs de son âge; si jeune encore, il était surtout curieux des idées, il cherchait l'homme sous les broderies. Simple, sans faste, il préférait l'étude aux fêtes.

Il avait déjà, à un âge si tendre encore, l'étoffe d'un véritable souverain et d'un honnête homme, et laissait ainsi deviner ce qu'il serait plus tard, quand l'expérience aurait fait son œuvre en mûrissant son jugement déjà si ferme et si plein de tact.

Sur la première marche du trône il vit la Constitution devant lui.

Cette Constitution déclarait les droits et stipulait les devoirs de chacun, prince et peuple ; elle proclamait l'*indépendance* du Brésil, la *souveraineté nationale,* la *liberté* des citoyens ; elle réglait tout, l'administration, le commerce, la justice, le pouvoir exécutif et la législation.

C'était un contrat public entre le prince et le peuple, entre l'État et le souverain.

Don Pedro II prêta serment à cette Constitution, il y a de cela aujourd'hui quarante ans ; c'est une vie bien longue pour une Charte, quarante ans !!

En Europe ces choses-là durent moins ; en France, par exemple, il y aurait eu certainement des troubles qui auraient fini par une révolution.

Au Brésil, grâce à Dieu, les choses se passent autrement : le contrat n'a pas souffert ; la loi générale y est toujours vivante, obéie, respectée jusqu'au plus minutieux scrupule ; point d'interprétations folles, partant pas de crises.

C'est que l'homme qui avait prêté serment à cette Constitution ne l'a pas oublié et qu'il a tenu loyalement sa parole, qu'il a la religion du devoir et que, sans détours ni réserves, il a pratiqué et maintenu la foi jurée.

Il était jeune, il était le maître ; il pouvait batailler comme ses voisins, se laisser emporter aux ardeurs du sang, aux fumées de l'orgueil, aux enivrantes paroles de gloire.

Jamais vieille tête de roi fut-elle plus tranquille et garda-t-elle mieux les saints respects du devoir ?

Il a eu des majorités faciles, des conseillers entreprenants, des serviteurs dévoués, ce que nous appelions jadis en Europe des *ministres personnels*.

Or quelle majorité a-t-il entraînée dans son ambition ? Où sont les hommes qu'il a compromis et perdus dans l'intérêt de sa prérogative ou pour les besoins de sa dynastie ?

On voulait lui donner un nouveau palais, — son habitation à Rio était plus que chétive et n'avait que très-peu de ressemblance avec Versailles, — il a refusé, en disant :

— S'il y a lieu, vous aviserez plus tard, aux termes de la Constitution ; il faut songer d'abord aux routes, aux banques, aux colonies.

Et l'argent est au Trésor, l'architecte a gardé ses cartons.

Est-ce que c'est bien d'un empereur ?

Les souverains de la vieille Europe comprennent bien mieux les joies du pouvoir suprême, et les splendeurs de l'écurie, et les grandeurs de la meute !

On ignore toutes ces choses en Europe. Nous sommes si ignorants en France, que nous prenons l'empire du Brésil pour un pays sauvage qui nous fournit du café.

Voilà comment nous traitons un pays dont chaque province est plus grande que la France tout entière, qui a une population d'au moins douze millions d'âmes et qui, avant dix ans, aura doublé, au train dont vont les affaires.

Mais passons.

Après le martyre de l'idée, ce qu'il y a de plus grand au monde, c'est la magistrature du devoir bien entendu.

Scrupuleux observateur de la Constitution dans son esprit et dans sa lettre, don Pedro II a fait appliquer les lois défensives, les arrêts de justice, les rigueurs pénales avec la froide et implacable sévérité que cette Constitution exige. Ce n'est donc pas à l'Empereur qu'il faut en faire remonter la responsabilité, mais seulement à la Constitution.

De 1831 à 1840, pendant la minorité du jeune empereur, bien des révoltes ont éclaté dans ces énergiques provinces du nord, que travaille éternellement l'esprit de fédération et de république.

Ces mouvements, ces convulsions toujours étouffées, jamais éteintes, ont été châtiées parfois jusqu'à la violence, jusqu'à l'échafaud; mais en tutelle et mineur, don Pedro II n'avait pas alors qualité pour intervenir, et la responsabilité en pèse seulement aux régences.

Après le couronnement et l'installation définitive de l'Empereur sur son trône, il y eut des troubles assez sérieux dans la province de Minas et dans la province de Saint-Paul; sur certains points on en vint aux mains, à ces luttes tristes et fratricides, qui font saigner la patrie, pleurer les mères et les épouses.

L'insurrection fut vaincue et les cours judiciaires s'ouvrirent, mais il n'y eut pas cette fois part au bourreau.

Par un décret d'amnistie du 14 mars 1844, les prisons se vidèrent et l'année suivante se termina enfin, à Rio-Grande-du-Sud, une vieille petite guerre qui avait duré dix ans, ni plus ni moins que le siège de Troie; il ne lui manqua qu'un Homère pour la rendre célèbre.

La grande secousse de 1848 en France retentit au Brésil, il y eut une assez sérieuse agitation, mais heureusement on cria beaucoup, mais on n'en vint pas aux prises.

Il n'y eut bataille qu'à Pernambuc, et cette fois, cela dura treize heures.

Elle a bien souffert cette vieille cité de la révolution, tant de fois meurtrie, jamais lassée; cette dernière agitation lui coûta cher, trop cher; mais on a cicatrisé toutes les blessures; depuis longtemps déjà il ne reste plus un *vaincu* dans les geôles.

Voilà un fait, un phénomène, une excentricité qui paraîtront probablement scandaleux aux politiques d'outre-mer, c'est-à-dire de l'Europe, qui jugent en droit romain des empires et des empereurs, mais force nous est de le révéler; frémissez : depuis des années il n'y a ni procès politiques, ni prisonniers d'Etat, ni *procès de presse,* ni conspirations, ni transportations.

La pensée n'y est point justiciable de la police, saisie en douane, suspecte et marquée à l'avance.

L'âme est libre dans toutes ses confessions et le citoyen dans tous ses mouvements. La raison d'Etat chôme.

Disons-le nettement : l'Empereur don Pedro II a mis la *majesté* non pas dans la prérogative, non dans la personne, mais dans le caractère, dans les œuvres.

Parce que l'esprit général du pays est la tolérance, la conciliation, la sociabilité; parce que le catholicisme lui-même, quoique ayant privilège d'Etat, n'ose plus y jongler de l'anathème et des foudres, aujourd'hui hors de service, comme celles du célèbre Jupiter de *la Belle Hélène*, qui avait donné ses foudres à réparer au forgeron du coin.

Voilà les choses comme elles sont, voilà les mœurs; nous ne faisons pas de fantaisie, nous disons ce que nous avons vu et ce que nous savons; voilà ce qu'il faut dire et bien faire connaître en Europe, qui l'ignore, et qui a, jusqu'à présent, été trompée de parti pris par certains écrivains qui ont fait des pamphlets odieux à leur retour en France, après avoir été accueillis à bras ouverts au Brésil, témoin, par exemple, M. Charles Expilly; un seul écrivain français a parlé du Brésil comme il le mérite, c'est le regretté Ribeyrolles.

Mais ces insultes imméritées tombent d'elles-mêmes.

Passons.

Il y a pourtant des esprits délicats, des cœurs fiers et bons qui souffrent profondément de ce milieu de paix bourgeoise où les misères de la servitude se cachent sous les fleurs ; mais ici ce n'est pas au prince, ce n'est pas au gouvernement qu'il faut s'en prendre ; c'est une maladie sociale, c'est la faute impie de cette propriété jalouse, avare, implacable, qui n'a qu'un œil, celui des chiffres.

D'autres disent qu'il ne convient pas aux empereurs de vivre à la bourgeoise, en famille ; qu'un cottage à Saint-Christophe et deux étages à Rio ne font point un Louvre ; que les livrées sont un peu trop fanées et que la *splendeur du trône* est nécessaire au commerce.

« Renvoyé au club des tailleurs, à l'académie des architectes, au bureau des modistes et à tous ces braves gens qui voudraient voir s'enfler comme le bœuf de la fable, le budget qu'ils paient, » dit spirituellement Charles Ribeyrolles.

Cependant il y a des habiles, des hommes d'État, des politiques profonds, qui ne s'arrêtent pas aux phrases et qui disent : « Il n'y a pas d'initiative, pas de suite aux affaires, pas d'organisation, pas de mouvement, trop de discours et point d'actes ; il nous faudrait un *gouvernement fort, un homme fort.* » Et la Constitution ? Et le serment ? Faudra-t-il balayer toutes ces misères à la mer ?

Tout cela n'est pas sérieux et fait hausser les épaules de pitié.

Ainsi, on voudrait *un bras fort, un gouvernement fort!*

Cela n'est pas aussi rare qu'un prince honnête homme.

Cela se rencontre ailleurs; tout marche en discipline, par escouades avec surveillance de l'âme et de la guêtre, comme en caserne. Souvenez-vous de notre dernier empire, et de Allemagne d'aujourd'hui.

Là pas d'esprit public, point de contrôle, point d'initiative libre et personnelle; la nation-machine fonctionne, tourne les meules, ouvre les sillons, sème, engrange, fabrique, achète ou vend, et de ce grand atelier il sort des merveilles, c'est vrai, mais c'est un *pénitencier*.

Cette race à laquelle nous appartenons est bien étrange en vérité.

Elle aime les arts, l'idée, ses combats, ses chants, ses tribunes, ses gloires, elle a des audaces folles vers la liberté qui fuit toujours, et quand elle respire un peu, le bâillon brisé; quand elle peut faire son lit et ses destinées, elle appelle le *préteur romain* pour la remettre à la chaîne.

Serait-elle boîteuse d'un pied? Je le déclare nettement, j'aime mieux une constitution qu'un *gouvernement fort,* et, ne pouvant obtenir ce que je désire, je préfère de beaucoup à *l'homme fort, l'honnête homme.*

Le Brésil avait la terre, les mines, les grands ports; il lui fallait la liberté, sans quoi tout meurt; il l'a prise; et depuis ce jour, depuis cette date sacrée de l'indépendance, il est comme une seconde fois sorti des eaux.

Il est sage, il est heureux. Que pourrait-il souhaiter de plus; pas de gloire, du bonheur; n'a-t-on pas dit : Heureux les peuples qui n'ont pas d'histoire?

Quant à cela, le Brésil a une glorieuse histoire; elle s'est faite seule, par son courage, sa justesse de vue et sa persévérance.

Il en est aujourd'hui à une nouvelle phase de son histoire : histoire de progrès, de travail et de luttes pacifiques, dans lesquelles il n'y a ni vaincus, ni vainqueurs.

VII

La ville.

Maintenant que j'ai donné au lecteur un aperçu résumé, mais exact, de l'histoire si intéressante du Brésil, depuis sa découverte par Alvarès Cabral, en 1500, jusqu'à nos jours, je vais reprendre mes pérégrinations à travers la ville.

Je m'étais installé, ainsi que je l'ai dit, chez M. Lieden; la chambre qu'il m'avait louée était grande, bien aérée et convenablement meublée. Ma première nuit fut cruelle, les lits brésiliens sont tout simplement un instrument de torture pour les étrangers habitués à dormir dans lits confortables; les matelas sont des galettes de quatre pouces d'épaisseur à peine et d'une dureté sans exemple; les traversins sont inconnus et les oreillers impossibles; des draps qui ressemblent à des mouchoirs de poche, une couverture de coton et une moustiquaire. On est contraint de se coucher sans lumière et de tenir les fenêtres fermées, sous peine d'être dévoré par les moustiques. Ces moucherons, presque invisibles, sont insupportables, leurs piqûres sont excessivement douloureuses. Une demi-heure après m'être couché, à force de me retourner sur ma galette, je commençais à m'assoupir quand je sentis un animal qui courait sur mon corps : j'ouvris les yeux tout grands et j'aperçus un lézard hideux, couleur de chair et qui semblait être écorché.

Je sautai sur le parquet, je m'enveloppai dans mon manteau et je m'étendis sur mon fauteuil à bascule, où depuis, j'ai passé toutes mes nuits pendant le temps que je suis resté à Rio.

Le lendemain M. Lieden me demanda si j'avais bien dormi; je lui racontai ce qui m'était arrivé avec l'affreux lézard.

M. Lieden se mit à rire.

— Bon! me dit-il, dans quelques jours vous n'y penserez plus; tous les lits sont ainsi à Rio. Quant au lézard dont vous me parlez, il n'est pas beau, c'est vrai, mais il vous sera très-utile,

— Bah! comment cela?

— D'abord il est inoffensif; laissez-le donc courir partout sans vous en inquiéter, il vous débarrassera des moustiques, des cancrelats et de tous les autres insectes qui infestent la maison; ce lézard est l'ennemi acharné de toute cette vermine.

Je me le tins pour dit. Je laissai cet aimable lézard faire ses caravanes et je m'en trouvai bien, nous étions les meilleurs amis du monde.

A onze heures, heure du déjeuner, je descendis. M. Lieden mangeait à une énorme table, avec une dizaine d'ouvriers portugais qui travaillaient à sa brasserie; on m'avait mis un couvert à une table séparée. Je ne l'entendais pas ainsi.

Je dis à M. Lieden que j'étais entré chez lui pour vivre en famille, et non pas seul, comme un boudeur; que je ne me trouvais pas assez grand seigneur pour dédaigner de me mettre à table avec sa famille et ses ouvriers.

Cela fut dit une fois pour toutes et je n'eus qu'à me louer de cette résolution; tout se passait à table avec une politesse et je dirais presque une courtoisie qui m'étonna et que je n'ai pas trouvée autre part, pas même en France.

M. Sohier arriva juste pour le café; il venait pour me conduire à la douane; comme j'avais une douzaine de colis au moins, M. Lieden me proposa une de ses voitures. J'acceptai et nous partîmes.

La douane de Rio est un véritable monument d'une grandeur immense ; il y a un monde d'employés de toutes sortes; il y a un mouvement fébrile dans cette administration, qui est excessivement bien établie et bien entendue.

Je m'attendais à de grandes lenteurs, mais M. Sohier, en qualité de commerçant, connaissait sur le bout du doigt les détours compliqués de ce dédale et me conduisit tout droit au directeur de la douane, auquel il me fit annoncer.

Je fus introduit aussitôt.

Je me trouvai en présence d'un homme d'une politesse raffinée, parlant fort bien le français, avec lequel je causai pendant une vingtaine de minutes de la façon la plus cordiale ; puis je lui témoignai le désir de me retirer ; je pris congé de lui en le remerciant, il sourit. Un employé m'accompagna à l'endroit où mes colis avaient été déposés; on m'avait averti que les employés de la douane étaient excessivement sévères. Cela m'était égal, je n'avais dans mes malles rien de sujet aux droits; seulement cela m'ennuyait de laisser bouleverser mes vêtements et mon linge. On me réservait une surprise très-agréable : des ordres avaient sans doute été donnés, car lorsque je présentai mes clés pour qu'on ouvrît les malles, un employé supérieur les refusa en me disant que ce n'était pas nécessaire, qu'il savait que je n'avais pas de contrebande. Je le remerciai et je partis avec mes colis.

M. Lieden fut fort étonné de nous voir aussi vite de retour. Je lui racontai ce qui s'était passé. Il me félicita; il y avait de quoi.

Quand tous les colis furent montés et installés dans ma chambre, je repartis avec M. Sohier; nous avions d'autres courses à faire.

Depuis l'avènement de l'empereur actuel, des quartiers ont été ajoutés et soudés à la vieille ville; Rio a plus que doublé et s'est embelli de nombreux monuments différents, tous utiles, de belles promenades et de jardins admirablement entretenus.

Les premiers fondateurs se sont trompés du tout au tout, en choisissant, pour établir une ville qui devait avoir une certaine importance, un terrain marécageux; tranchons le mot, la ville, c'est-à-dire la vieille ville, repose toute entière sur des marais.

Il s'en suivit de graves accidents : d'abord, les maisons ne peuvent pas avoir de caves; lorsque le temps est à l'orage et que l'ouragan éclate, ainsi qu'il tombe à Rio, c'est-à-dire avec fureur, avec folie, les marais, qui forment le sol de la vieille ville, font syphon avec les nuages chargés d'électricité, de sorte qu'on ne respire pas et que l'orage, au contraire de ce qui se produit partout, au lieu de rafraîchir l'atmosphère, provoque une chaleur beaucoup plus lourde qu'avant la tempête.

On prétend que ces orages, unis aux émanations malsaines des marais dans les rues étroites et sans air, sont une des causes les plus sérieuses de la fièvre jaune, qui, tous les ans, afflige la ville à l'époque des pluies mêlées aux grandes chaleurs, décime la population et surtout la population européenne. Je ne me permettrai pas de décider cette grave question, je me borne à répéter ce qui m'a été assuré par des personnes compétentes ; j'aurai occasion de revenir sur cette question si intéressante à élucider.

Qui dit aventurier dit artiste et surtout fantaisiste. Je suis convaincu que les fondateurs de Rio, afin de bien se rendre compte de l'effet du paysage qu'ils avaient aperçu du rivage, montèrent sur le *Corcovado*, et du sommet de cette plate-forme aérienne portèrent leurs regards sur le paysage splendide, vierge encore et tel qu'il s'était échappé des mains sublimes de Dieu, qui s'étendait sous leurs pieds.

Je fis le même pèlerinage en compagnie de M. Sohier, car je suis convaincu que ce fut l'admiration qui, seule, décida de l'emplacement de la nouvelle ville, les aventuriers étaient encore sous le coup des merveilles qui s'étaient révélées à eux.

Ce qui prouve que souvent le premier mouvement est le mauvais.

Si ces enthousiastes avaient réfléchi seulement pendant cinq minutes, ils auraient cherché un autre emplacement peut-être moins pittoresque, mais plus sain, ce qui était à considérer.

Voici ce que, à mon tour, je vis du sommet du Corcovado : la ville s'étend en presqu'île renflée de mornes; sa première ligne, qu'on appelle *rua Direita,* quoique parfois elle ondule, sert de base au vaste échiquier qui se développe, s'allonge jusqu'au *Champ d'acclimatation,* ayant à son côté le *Castel San-Antonio do Senado,* jusqu'à Santa-Theresa, qui fait muraille au quartier neuf de *Mata-Caballos,* et, de l'autre, les monts *San Bento de la Conception, do Livramanto,* qui gardent la ville au nord-est et se mirent aux premières eaux de Saint-Christophe.

De long en large, en cette espèce de carré central qui est le cœur de Rio, les rues sont à angle droit; elles sont étroites, la plupart assez mal pavées, et les maigres trottoirs qui les bordent appartiennent beaucoup moins aux piétons qu'aux mules.

Ces observations ne touchent que la vieille ville; quant aux nouveaux quartiers, toutes leurs rues sont larges, bien pavées et munies de véritables trottoirs, ainsi que je l'ai constaté plus haut.

Au-delà de ce grand centre fuient, libres, spacieuses, les rues qui forment la ville nouvelle; elles gagnent d'année en année sur le maraisplaine de la *Gloria;* l'une d'elles, la rue de *Catlete.* fait déjà tête de pont à *Botafogo,* tandis que la *Rua nova do Conde* va toucher *An Arahy* et la rue du chemin de fer de Saint-Christophe.

Les eaux intérieures qui baignent la ville à ses deux flancs ont leurs grèves couvertes de chacaras blanches aux jardins profonds et de petits cottages charmants vers lesquels se dirigent, le dimanche, les petits commerçants étrangers.

Sur les mornes s'étalent aussi de belles maisons de plaisance où l'on va chercher les grands paysages, l'ombre, les brises odorantes, et la terre ferme entre les deux baies en est peuplée jusqu'aux gorges.

Dans cette banlieue, il y a trop peu de fabriques et d'usines, malheureusement; j'ai souvent regretté, pendant mes courses de nuit, l'absence de hauts fourneaux de plus et désiré un peu moins de palais somptueux.

C'est qu'aujourd'hui l'industrie est le pain de la Pâques nouvelle et la force et la richesse des nations.

Malheur aux villes qui dédaignent l'industrie! Ce sont ces mépris qui les tuent plus certainement que les plus épouvantables épidémies.

Voyez Lisbonne et Londres, Naples et Paris, comparez.

Lisbonne et Naples sont magnifiques, comme Constantinople, quand on les admire de loin, à bord d'un navire; mais aussitôt que l'on met le pied sur le môle, tout change en une seconde; les palais sont en ruines, la ville est morne, silencieuse, les moines et les mendiants affluent de tous les côtés; ces villes, en apparence si belles, se meurent; tout ce qu'on avait vu de loin était un mensonge, un mirage qu'un souffle fait disparaître.

Pourquoi? Parce qu'il n'y a ni usines, ni fabriques, ni rien de ce qui donne la force aux nations et les fait grandes, riches et puissantes.

Mais on répond à ces objections : Rio peut se reposer: elle vit de commerce, elle est destinée à être une ville capitale doublée d'une ville-entrepôt; toutes les provinces du sud et de l'ouest ne centralisent-elles pas dans ses magasins ce qu'elles importent? N'a-t-elle pas dans son port des navires de toutes les nations du monde, qui paient de riches dividendes à sa douane, et sa prérogative comme métropole et siège de l'empire ne lui assure-t-elle pas les grands lucres et les grands profits?

Tout cela est vrai de Rio, comme de Londres et de Paris; mais la situation n'est pas la même, tant s'en faut.

Londres et Paris ont des spécialités de travail qui leur sont propres; ils comprennent qu'une ville ne doit pas rester un simple entrepôt ou une auberge; bien que, comme Rio, elles aient le privilège souverain, elles ne dédaignent pas l'outil de l'ouvrier, et les usines et la vapeur des hauts-fourneaux font leur œuvre civilisatrice.

Si les magnifiques palais de Paris et son opulent faubourg Saint-Germain disparaissaient à la suite d'une catastrophe subite, qu'arriverait-il? Cela faillit arriver il y a quelques années dans un moment de folie furieuse et criminelle; on déblaya les ruines et Paris est aujourd'hui plus beau qu'il ne l'a jamais été.

Donc, à mon avis, Rio-de-Janeiro devrait, au lieu de s'endormir dans les molles oisivetés de capitale, se créer sa spécialité de travail, prendre une marque de fabrique en industrie, ne serait-ce qu'une fabrique de liqueurs, eaux-de-vie, rhum, etc. ; il y a à Porto-Real, à quelques lieues de Rio, une grande usine de liqueurs qui a été créée par des Français, qui occupe plusieurs centaines d'ouvriers, travailleurs intelligents et honnêtes qui font tout pour progresser; que le gouvernement protège cette industrie, s'y intéresse, et il verra bientôt ce qu'elle lui rapportera. Ainsi de tout; par exemple le déboisement des forêts vierges, si riches en bois admirables; le caoutchouc, qui abonde au Brésil et dont l'emploi en Europe, a pris une extension énorme depuis quelque temps, tant d'autres produits enfin qui devraient enrichir ce beau pays et qui se perdent faute d'initiative et surtout faute de routes, car il n'y en a pas.

Les chemins de fer sont encore dans l'enfance et pourtant on s'aperçoit déjà de leur influence; on a l'exemple sous les yeux. La province de Saint-Paul est sillonnée de voies ferrées dans toutes les directions de son vaste territoire; aussi est-elle aujourd'hui la plus riche de l'empire.

Du reste, la province de Saint-Paul a toujours été la province la plus avancée et la plus industrieuse du Brésil; le jour où les chemins de fer de Saint-Paul arriveront à Rio tout changera.

Mais, hélas ! quand cela arrivera-t-il ? Peut-être pas avant bien longtemps encore, et c'est un grand malheur. Exploiter les forêts immenses qui couvrent le Brésil, construire des voies de communication par terre ou par fer, voilà le grand problème que le gouvernement brésilien doit résoudre au plus vite s'il veut que le progrès entre définitivement dans les mœurs du peuple, et le Brésil sera la puissance la plus riche du monde entier, car il possède tout sous la main : il n'a qu'à s'en servir et l'exploiter.

C'est bien simple, si on veut. Mais voudra-t-on ? Voilà la question : au Brésil, comme partout, la routine, les intérêts mal entendus essaient de réagir de toutes leurs forces contre toute marche en avant.

Depuis que Charles Ribeyrolles a écrit son beau livre en français et en portugais (il a été publié au Brésil en 1859), près de vingt-quatre ans se sont écoulés, le Brésil a marché résolûment dans la voie du progrès, et beaucoup d'abus signalés par lui sont détruits; nous signalons avec joie ce fait qui honore l'Empereur et son gouvernement, qui, d'un commun accord, sont entrés résolûment dans l'ère des améliorations qui ne s'arrêteront plus, malgré les criailleries des esprits étroits et des réactionnaires qui ne connaissent que la routine, adorent les errements caducs, et voudraient nous ramener à l'ancien régime, sous prétexte que nos pères vivaient d'une certaine façon qui ne saurait être la nôtre.

Vingt-quatre ans, pour un peuple qui est fermement résolu à appliquer toutes les améliorations, lui permettent d'accomplir des miracles.

Depuis la vapeur, l'application de l'électricité et tant d'autres découvertes admirables, on marche en avant quand même ; malheur à qui s'arrête en arrière, pour regarder le passé, il est broyé et disparaît sans laisser de traces.

Aujourd'hui, toutes les murailles de la Chine qui isolaient les peuples sont renversées sans retour.

L'Europe et l'Amérique sont en communion d'idées et d'intérêts, les distances sont supprimées; il est loin le temps où il fallait trois mois au moins et par un temps exceptionnel pour aller au Brésil ; aujourd'hui il faut vingt jours à peine, et encore parce que l'on fait quatre et cinq escales pendant la traversée. Grâce au câble qui traverse les océans, on reçoit en quelques minutes une dépêche et la réponse, à travers les mers; au fur et à mesure que l'Empereur du Brésil prononce un discours aux Chambres brésiliennes, on le lit à Paris au ministère des affaires étrangères ; le commerce ne chôme plus de nouvelles, on sait toutes les variations des Bourses de Paris, de Londres et des autres États de l'Europe ; on sait les besoins des pays les plus éloignés et on est aussitôt en mesure de les satisfaire. Les malfaiteurs qui s'embarquent après leur coup fait se croient sauvés et n'avoir plus rien à redouter de la justice de leur pays : grâce au câble transatlantique, aussitôt à New-York, ou à Rio, ou à tout autre port, au moment où ils mettent le pied sur le débarcadère, ils voient les agents de police qui les attendent ; il en est ainsi de tout.

Tout change, tout se transforme, on va en Amérique comme on allait jadis à Marseille : la science moderne a tout bouleversé. Les Américains, si sédentaires il y a quelques années encore, sont devenus de féroces voyageurs, des touristes enragés ; ils font leur tour d'Europe en quelques mois, et retournent chez eux ayant beaucoup vu et beaucoup appris. C'est ainsi que le progrès s'infiltre pour ainsi dire ; les commerçants vont eux-mêmes faire leurs achats en Europe, et ainsi ils suppriment les intermédiaires, ce qui est tout profit pour eux. Les magasins de la rue d'Ouvidor sont aussi beaux et aussi bien fournis que ceux de Paris et de Londres ; il y a des bazars qui vendent de tout et à des prix minimes, absolument comme en Europe. En un mot, le commerce de Rio prend chaque jour une extension énorme.

Ribeyrolles déplorait avec raison l'insuffisance de l'eau. J'ai vu pendant que j'étais à Rio cette insuffisance, qui me frappa ; je voyais tous les jours les nègres et les négresses qui faisaient la queue, pendant des heures entières, pour remplir leurs brocs et leurs seaux, et souvent sans pouvoir avoir d'eau. Presque tous les jours M. Lieden, pour les besoins de sa brasserie, était obligé de mettre des barils dans une voiture et envoyer chercher de l'eau à deux et même trois lieues de la ville, et bien d'autres que lui faisaient de même. Mais heureusement, ainsi que je l'ai dit plus haut, cette question est enfin réglée à la satisfaction générale, Rio ne mourra plus de soif.

Les tramways n'existaient pas il y a vingt ans, ce sont eux qui ont donné le branle aux améliorations et ont complètement changé les habitudes et les mœurs des habitants de Rio ; Ribeyrolles aurait été heureux s'il lui avait été donné de voir ce progrès.

Il a critiqué, avec raison sans doute, la façon dont la voirie de Rio était entendue ; il donne des renseignements déplorables sur cette administration. Aujourd'hui, ce n'est plus la même chose, le gouvernement a traité avec un Français, qui s'acquitte fort bien de son affaire, et les rues de Rio sont parfaitement entretenues et aussi propres, dès quatre heures du matin, que n'importe quelle rue du vieux monde.

Ribeyrolles déplore l'absence d'ombre dans les places de la ville : cela n'existe plus ; de son temps le *camp* de Sainte-Anne coupait Rio en deux et formait ainsi un désert immonde au milieu de la ville, aujourd'hui il n'en est plus ainsi.

Grâce à un jardinier français homme de génie, le camp de Sainte-Anne a été changé en une forêt vierge, avec rochers, cascades, arbres de toutes sortes du pays ; on se croirait à cent lieues de Rio ; on s'attend à rencontrer à chaque pas des Indiens, mais on n'a pas poussé le réalisme jusque-là. En somme, cette admirable promenade, fermée d'une grille immense sur ses quatre faces, est une véritable merveille qui n'a pas sa pareille dans le monde entier ; il y a surtout un jet d'eau d'une hauteur extraordinaire.

Je tâche, autant que cela m'est possible, de constater les améliorations que réclamait Ribeyrolles et qui ont été opérées, mais ce n'est pas encore tout ; nous les suivons pas à pas, afin de bien établir ce qui a été fait depuis vingt-quatre ans dans la capitale du Brésil.

Les véritables promenades de Rio sont aux Mornes.

Ribeyrolles se demandait pourquoi il n'y avait pas d'arbres à Rio; il serait satisfait aujourd'hui, car ils affluent dans les squares et les jardins publics : il y a d'abord *O Passcio Publico*, le jardin public; le jardinier dont j'ai déjà parlé, un véritable artiste celui-là, l'a sans doute remanié. Ce jardin est très-bien dessiné; il a de très-beaux arbres fort touffus qui donnent beaucoup d'ombrage. On y voit deux obélisques-aiguilles fort curieux et un groupe de *bacarès* — caïmans — qui est très-réussi. Le plus grand attrait du jardin est sans contredit la longue terrasse qui s'étend devant la mer. Mais on ne voit réellement le jardin que lorsqu'on a épuisé les grands paysages que l'on a subitement sous les yeux et qu'on a tout fouillé de l'œil, depuis le charmant ermitage de la *Gloria*, qui s'élève à droite, cachant *Botafogo* sous le rideau de son morne, le pli de ses feuilles, jusqu'à l'entrée de cette baie où passent tant de voiles qui viennent de tous les pays du monde.

De la terrasse du *Passcio Publico*, dans les soirées d'été, lorsque le ciel est semé d'étoiles étincelantes, le coup d'œil est saisissant, unique et étrange.

Ce jardin aujourd'hui est à la mode, le monde y afflue, surtout le dimanche; la musique militaire y donne des concerts de quatre heures à six.

C'est un merveilleux oasis que ce petit terrain pépinière, abrité par les grands mornes, et qui, devant lui, par un étroit goulet, reçoit les brises de mer.

Il n'y avait là, il y a soixante-dix ans, qu'une poudrière et des étangs poissonneux.

C'est aujourd'hui le jardin botanique de Rio, le jardin des arbres, des baumes, des essences de toutes sortes; et cette métamorphose on la doit au vieux roi Jean VI; s'il n'aimait pas les idées nouvelles, le cher prince, s'il n'aimait pas les guerres, il se pourrait que Dieu lui tienne compte de cette pensée parfumée.

Le jardin botanique est fort curieux à parcourir: il abonde d'essences de toutes sortes, nationales et exotiques, précieuses pour la science, car on a tout sous la main pour étudier avec fruit; il paraît qu'il n'en était pas ainsi il y a vingt ans.

Il y a surtout une double colonnade comme n'en eurent jamais ni temples, ni palais: c'est une allée de palmiers à deux rangées, espacés régulièrement, renflés dans le bas, sveltes à la tige;

ils ont pour chapiteaux leur couronne de feuilles étalées.

Ils sont là, finement cambrés, de garde nuit et jour, immobiles comme des groupes de marbre.

Aux rayons de la lune, à voir ces blancs spectres, on dirait une enfilade de colonnes thébaines; et cette allée s'étend ainsi pendant près d'une lieue.

Si l'on ne visite pas le jardin avant de voir l'allée des palmiers, on ne voit rien; car l'aspect de la grande allée charme et saisit à tel point, qu'on ne cherche plus ailleurs, on ne voit pas autre chose, on fait la cour aux palmiers, on ne se fatigue pas de les admirer.

Les Parisiens se souviendront de la statue équestre, plus grande que nature, de l'Empereur don Pedro Ier du Brésil, dont le piédestal portait deux Indiens sauvages, dont l'un lançait des flèches et l'autre s'appuyait sur des animaux inconnus. Cette statue, une véritable œuvre d'art exécutée par un sculpteur d'un grand talent dont le nom malheureusement ne me revient pas dans ce moment, cette statue équestre, véritablement saisissante, a été pendant assez longtemps aux Champs-Élysées, devant la principale porte du Palais de l'Industrie; elle est aujourd'hui placée sur un socle en bronze orné de bas-reliefs historiques des faits des guerres de l'indépendance, sur la place de la Constitution, à Rio, au milieu d'un magnifique square très-vaste, très-ombreux et garni de nombreux bancs où les habitants viennent, le soir, se promener, s'asseoir et prendre le frais; ce square est entouré comme nos squares parisiens et produit un fort bel effet.

Ribeyrolles déplorait l'absence de statues des hommes remarquables du pays; il en demandait surtout deux, celle de don Pedro Ier et celle du nègre *Dias*, l'un des héros du Brésil dans la guerre contre la Hollande.

« Et, disait notre confrère, est-ce que sa statue, auprès de celle de don Pedro Ier, ferait tache ou scandale à côté du héros de l'Indépendance? »

Et il ajoutait :

« Ce ne serait pas lui qui s'en plaindrait, il aimait les vaillants. »

Quand Ribeyrolles demandait cela, il ne réfléchissait pas qu'à cette époque le Brésil était un État à esclaves; tous les propriétaires de nègres et tous les marchands d'esclaves auraient provoqué, sinon une révolution, tout au moins un soulèvement sérieux.

Aujourd'hui, où l'émancipation des noirs a été enfin votée par les Chambres à des conditions assez dures, ceci soit dit en passant, personne n'oserait, sous aucun prétexte, se risquer à faire une proposition semblable : il craindrait trop d'être lapidé.

Quant à moi, je suis convaincu que *Dias* aura sa statue à Rio, mais peut-être dans un siècle, à moins d'événements imprévus et qui sont encore le secret de l'avenir.

Quant à Ribeyrolles, il aurait tort de se plaindre, car il a obtenu la moitié de ce qu'il demandait, ce qui est beaucoup, au temps où nous vivons!

VIII

A travers les rues de Rio.

Courons un peu les rues.

Ribeyrolles semble féliciter Rio de ne pas s'être ouvert, élargi, renouvelé comme le vieux Paris, où des quartiers historiques disparaissent, et qui se donne chaque année des boulevards et des squares nouveaux.

« Ici, ajoute-t-il, les anciennes rues ont gardé leur caractère, leur physionomie primitive et jusqu'au nom professionnel.

» Ce sont des archives qui se souviennent et racontent.

» La pierre y parle et ses légendes sont *presque toutes portugaises.* »

Ces quelques lignes sont un chef-d'œuvre d'ironie et de finesse, les Brésiliens ne s'y sont pas trompés.

Et il continue.

Que dit la rue des Orfèvres, — *dos Ourivès?* — Qu'il fut un temps où toutes ses boutiques étaient condamnées et fermées en vertu d'un décret royal émané de Lisbonne. L'outil lui-même était séquestré; les ouvriers célibataires étaient enlevés de vive force à l'atelier, ils étaient faits soldats et la moindre contravention au brutal décret était punie comme le crime de fausse-monnaie.

Belles dispositions de gouvernement, pour que l'art colonial pût éclore!

Et pourquoi cette interdiction sauvage?

L'intérêt portugais ne voulait pas de concurrents; il redoutait le dessin, le modelé de quelques artistes indigènes, comme Valentin da Fonseca, et il frappait.

Le monopole engendre fatalement la violence.

Aujourd'hui la rue des *Ourivès* a le droit de l'outil et la liberté de l'atelier, ses vitrines rayonnent d'or et d'argent: candélabres, lampes, ostensoirs, reliquaires, toute l'orfévrerie des églises y est étalée, et l'on y fait aussi le bracelet, l'agrafe, le diadème, tout le *mundum muliebrem* dont parlent les poètes latins; mais les Benvenuto Cellini sont très-rares dans la *rua dos Ourivès;* Suisses, Français, Allemands y sont entrés en boutiques avec les Portugais ou Brésiliens.

On travaille à la grosse pour vendre, et le chef-d'œuvre vient toujours de Paris.

Cette rue des Ourivès se prolonge assez loin et coupe au passage les rues d'*Ouvidor, do Hospicio, do Rosario,* d'*Alfandega,* de *Sabão,* etc., etc., toutes lignes de grande circulation qui sont perpendiculaires à la baie.

Quelle signification historique a le nom de cette rue d'*Ouvidor* — auditeur, celui qui écoute, un magistrat, un juge? Voilà bien le sens grammatical, et c'est aussi la vérité de la légende; mais cette légende est si vieille qu'elle ne rappelle plus aujourd'hui rien que les habitudes, la physionomie et les mœurs du quartier.

Depuis deux heures de l'après-dîner jusqu'à onze heures et souvent à minuit, cette rue est encombrée d'hommes, négociants, artistes, députés, journalistes; tous appartenant au meilleur monde, causent appuyés de l'épaule contre une porte ou une vitrine de magasin, et les caquets et les cancans vont un train d'enfer, personne n'est épargné, tous sont touchés; c'est là que se font et se défont les réputations; c'est là que se fabriquent les anecdotes à sensation ; c'est aussi là que les négociants font des affaires, règlent le cours de la Bourse et que se terminent les transactions commerciales. Les dames, en grande toilette, passent à travers tous ces groupes, souriant au passage à leurs amis, et parfois, mais rarement, échangeant au passage quelques mots avec leurs connaissances.

Je ne sais pas d'où vient cet engouement pour cette rue, qui n'a pas même quatre mètres de large.

Je crois que, sans songer à une légende quelconque, le nom de *Ouvidor*, — auditeur, celui qui écoute et parle aussi, — est parfaitement juste et qu'il n'y a pas d'autre étymologie à chercher. Ce nom convient de tout point à la rue.

Un peu plus loin se trouve la rue *San Bento;* c'est le grand entrepôt des cafés et c'est de là surtout que partent ces nègres *minas* athlètes, marbres vivants qui font le service des magasins du port.

Ces nègres sont rebelles à toute espèce d'esclavage domestique; ils forment entre eux une corporation, ont une tontine qu'ils alimentent par leur travail, et chaque année quelques-uns d'eux retournent affranchis à la terre africaine.

Les divertissements ne manquent pas à Rio, il y en a de toutes sortes.

D'abord le piano, qui fait rage et vacarme depuis le point du jour jusqu'à minuit, sans pitié pour la quantité considérable d'oreilles écorchées et saignantes. Ces maudits *pédalistes* ne respectent rien.

Puis les fêtes religieuses, agrémentées de processions interminables. Chaque mois a la sienne : processions de Saint-Georges, de la Fête-Dieu, de la Nativité, du Vendredi-Saint, de l'Assomption, et, voilà le comble, la *procession du supplice de Judas Iscariote*. Il y en a de jour et de nuit, pour toutes les dates et légendes catholiques, et Dieu sait si ces légendes sont riches !

Le travail et les salaires y perdent plus de cent journées par an !

Les nègres aiment les cierges, la musique, l'encens; les enfants s'enivrent aux poudres folles, aux pétards, aux fusées ; enfants et nègres courent donc aux processions.

Quant à ceux qui les organisent et les maintiennent, le clergé, les moines de toutes couleurs, les confréries, ils savent que les habitudes et les traditions vivent longtemps après que la foi est morte, et ils promènent leurs reliquaires et leurs bannières à travers les rues sablées.

Les Brésiliens adorent le théâtre. Les jeunes gens des deux sexes se réunissent plusieurs fois par mois pour jouer la comédie dans des salles de spectacle particulières.

M. Lieden en avait une qu'il louait à des artistes amateurs; la salle était parfaitement établie, les décors fort bien peints; les acteurs s'acquittaient convenablement de leur tâche. Ils jouent très-souvent de petits vaudevilles en français, mais ils jouent aussi des pièces brésiliennes composées pour eux et par eux-mêmes. Ces pièces, auxquelles j'ai assisté incognito et perdu dans la foule, sont, en général, pleines d'humour et d'un véritable comique. Je riais comme un fou.

Le véritable divertissement qui prime tous les autres, à Rio, c'est le théâtre; toutes les classes de la population raffolent du théâtre, s'y portent et y conservent leur siège même par une chaleur torride.

Quand je me trouvais à Rio, il y avait sept salles de spectacle qui jouaient tous les jours en brésilien, français et italien (opéra).

Le théâtre de *San Pedro d'Alcantara,* sur la place de la Constitution; — *O largo do Rocio,* — qui ne ferait pas tache aux plus grandes villes d'Europe comme décoration, grandeur et agencement, sont parfaitement installés pour la commodité des spectateurs, ce qui nous manque complètement à Paris, et les scènes secondaires du *Gymnasio* et autres valent certainement les petites salles de Londres.

J'oubliais l'*Alcazar*, où une compagnie française jouait les opérettes à la mode avec un brio et une verve endiablés; il y avait évidemment là des artistes qui ont leur place marquée à Paris dans nos théâtres de genre.

L'Alcazar est les Folies-Bergère de Rio : on boit, on fume et on se promène sans perdre une seule parole de la pièce.

Mais le plus suivi, le plus riche, le mieux établi, c'est le grand Théâtre lyrique italien.

La direction, largement subventionnée, fait concurrence, pour les engagements, aux académies de musique les plus opulentes de l'Europe, et, si elle n'a pas toujours les voix jeunes, les *prodiges*, elle compte le plus souvent dans sa troupe franco-italienne les habiletés savantes et les talents les plus sûrs.

En même temps que moi se trouvait à Rio, au Théâtre lyrique, une artiste française qui faisait fureur; on ne parlait que d'elle dans toute la ville; en un mot, comme disent les Italiens, elle faisait fanatisme!

Les Brésiliens sont artistes, ils aiment la musique et la comprennent; ils sont très-généreux quand un chanteur ou une cantatrice leur plaisent: alors ils font des folies ; ils l'ont bien prouvé à leur diva bien-aimée, quand elle s'embarqua pour la France; son départ fut presque un deuil public.

Je dois ajouter que cette cantatrice était réellement une artiste hors ligne.

Je n'ai eu l'honneur de la voir qu'une seule fois et pendant quelques minutes à peine; je remarquai qu'elle était fort belle et surtout qu'elle était fort aimable et avait un sourire séduisant et spirituel. Cette dame était mariée et adorait son mari; la cantatrice était doublée d'une honnête femme, ce qui, entre parenthèse, arrive plus souvent qu'on n'est disposé à le croire.

J'assistai, pendant mon séjour à Rio, à la représentation d'un opéra inédit intitulé *le Guaranis*, qui était l'œuvre d'un compositeur brésilien; la musique me parut fort belle et remplie de mélodies. J'ai l'intime conviction que nous verrons bientôt ce maître arriver à Paris, et ce sera pour l'Opéra et pour les dilettants français une charmante surprise.

Vous voyez que le Brésil marche en avant de toutes les façons et rattrape le temps que le Portugal lui a fait perdre.

Il y a Rio une coutume singulière qui rappelle

les processions, dont évidemment elle dérive.

Lorsqu'un théâtre donne une première représentation ou le bénéfice d'un artiste de la troupe, devant la porte et dans toute l'étendue de la rue, on couvre les pavés de jonchées épaisses de feuilles et de fleurs, et cela à profusion.

Cette singulière coutume, la première fois que je fus à même de la voir exécuter, ce fut à l'Alcazar; cela me fit rêver, et d'autant plus que je glissai sur les fleurs, et faillis m'étaler tout de mon long sur ce lit embaumé. Je fus assez heureux pour éviter de choir; mais, près de moi, d'autres personnes n'évitèrent pas une rude chute.

Je me le tins pour dit et je ne me risquai plus qu'avec les plus grandes précautions.

Des théâtres aux églises il n'y a qu'un pas; nous le franchirons sans plus de retard.

Les clochers foisonnent à Rio; il y a des oratoires, des chapelles, des églises, des temples protestants et même des loges maçonniques; les unes et les autres sont généreusement dotées par leurs fervents.

La plus grande tolérance règne au Brésil : tous les cultes dissidents sont protégés, chacun adore Dieu à sa guise.

Comme architecture les églises de Rio n'ont rien de remarquable, on n'y trouve ni la ligne grecque ni l'ogive. A l'intérieur elles sont somptueuses : l'or, l'argent et les riches tentures abondent; les tableaux de sainteté, à très-peu d'exceptions près, sont des croûtes affreuses.

A Rio, chacune des huit paroisses a son église, quelquefois plusieurs, sans compter les chapelles; il faudrait plusieurs pages pour citer les noms des églises et chapelles.

De tous ces quasi monuments, celui qui m'a semblé le plus remarquable par ses formes architecturales, la hauteur et le lancé de ses tours, c'est la *Candellaria;* mais, comme toujours, encaissée dans une petite rue, cette église n'a pas de jour, elle est aveugle.

Il faut à l'extérieur de la perspective aux temples, et celui des *Carmes,* qui s'ouvre sur la place du palais, est bien mieux posé; mais lui aussi il a sa liane, comme les vieux arbres de la forêt vierge; on l'a masqué, sur la droite, d'une *Chapelle impériale :* les deux s'étouffent.

Rua Direita se trouvent l'église de la *Croix* et celle de *San-José;* ces deux basiliques sont ordinaires; cependant la première a quelques belles parties, comme ornements, et l'on reconnaît la main d'un maître habile; il se nommait Valentin de Fondeca Silva.

Saint-Sebastien, au Castel, *do Rosario, Santa-*

Rita, Santa-Anna, San-Francisco-do-Paulo, San-Francisco-d'Assise, Nitherohy et la *Gloria;* voilà, choisis entre plus de cent, des noms d'églises; pas une seule n'est intéressante au point de vue de l'art architectural.

Au milieu de la baie, quand on a tourné l'île d'*As-Cobras* — Couleuvres, — si on regarde en face de soi, on aperçoit un lourd bâtiment, aux formes épaisses comme un vieux donjon; c'est le monastère de *San Bento;* ses fondations sont anciennes, et pour le pays c'est une véritable relique; mais les restes du saint patron, autrefois si vénérés, n'ont pas gardé leur prestige et sont presque aussi abandonnés que les momies indiennes du Muséum.

Du reste, si le feu sacré s'est éteint, il est évident que ce ne seront pas les moines qui l'attiseront jamais.

Tous les couvents brésiliens sont richement dotés; les Bénédictins surtout sont excessivement riches, ils possèdent des *fazendas*, fermes opulentes, où des centaines d'esclaves cultivent, sous le *fector*, les terres saintes.

Cependant que disait le pape Paul III, dans son bref contre la servitude des indigènes brésiliens, en 1537?

« Les Indiens, comme tous les autres peuples,

même ceux qui ne sont pas baptisés, doivent jouir de leur liberté naturelle et de la propriété de leurs biens. Tout ce qui serait fait dans un sens contraire serait condamné par la *loi divine* et la *loi naturelle.* »

Dès 1462, le pape Pie II menaçait d'excommunication les Portugais qui s'en allaient en chasse sur la côte de Guinée.

Le 22 avril 1639, Urbain VIII prohibait l'esclavage des nègres; le 20 septembre 1721, Benoît XIV, par un bref particulier, adressait une verte injonction aux évêques brésiliens, et le pape Grégoire VII, en 1839, par un dernier décret, renouvelait toutes ces bulles.

Qu'en pensent les moines de San Bento et tous les autres? Les ordres de Rome sont-ils formels? Que leur importe! Rome est loin et surtout impuissante; ils vivent bien et la loi du pays les couvre.

Ils étaient mieux que d'autres en mesure de faire le bien; ils pouvaient tout: ils ont préféré rester *fazendeiros* et, pour conjurer les *impiétés* du temps, ils distribuent quelques *soupes.*

Cela ne les sauvera pas!

Je traiterai plus loin la question des hôpitaux.

Mon plaisir était de me lever de grand matin pour aller au marché du port. Ce marché, le plus ancien de Rio, n'existe plus; quelques jours avant mon départ, je le vis démolir; on a eu raison de le supprimer; on n'a eu qu'un tort, ce fut de le conserver aussi longtemps; il gênait la navigation de la rade et souvent était cause d'accidents très-sérieux; d'ailleurs, les marchés ne manquent pas à Rio, et tous sont fort bien assortis.

Revenons au marché du port.

Je retrouvais tous les matins les marchandes, assises accroupies, ondulant et jasant sous le turban de cachemire ou vêtues de loques, traînant la dentelle ou la guenille; il n'y a pas de milieu, c'est l'un ou l'autre; c'est une galerie curieuse, étrange, où la grâce et le grotesque se mêlent; c'est le peuple noir sous la tente.

Il y a là des négresses à boutiques, matrones du lieu, patriciennes de la mangue et de la banane, et portant au crochet les clés de la maison; ces dames de la halle brésilienne ont leurs esclaves qui font le service de l'étalage, surveillent et vendent, ou bien s'en vont poser leurs grands *cestes*, — espèces d'éventaires qui peuvent, au besoin, se porter sur la tête, — au coin des rues fréquentées et tentent la curiosité ou la soif au passage.

Ne croyez pas que cette aristocratie de la boutique noire, qui tient clés de maîtrise et de patente, se laisse entraîner aux douces et saintes pitiés; pour les noirs misérables, frères ou sœurs, elle est dure, avare; elle n'aime et ne comprend que l'argent.

Voici le comble, les Portugais, dont l'avarice est passée en proverbe, les Portugais les craignent et ne font qu'en tremblant du *négoce* avec elles.

La seconde classe de marchandes est celle des *quitandeiras* — revendeuses, — elles n'ont que le simple tabouret ou la table de vente posée sur un piquet et sous une toile, quand il pleut ou qu'il y a trop de soleil.

Il y en a de fort gracieuses, coquettement habillées, au turban à l'écharpe flottante; elles ont les dents éblouissantes, les yeux chargés et profonds, la taille svelte et souple, le regard chercheur et la galoche qui traîne; il y a en elles de la grâce, de la nonchalance et parfois un grand air; ce sont des filles de *Minas* ou de *Bahia;* c'est un type oriental plutôt qu'africain.

Les négresses de Minas et de Bahia sont les Circassiennes de la vieille Afrique, a écrit Ribeyrolles, qui les avait très-étudiées et les connaissait mieux que personne.

En principe, l'esclavage n'existe plus au Brésil, quant à présent, pour les noirs. Cette émancipation est complètement platonique, sauf pour les enfants qui sont nés depuis le décret qui les rend libres.

Les possesseurs d'esclaves continuent naturellement à se servir de leurs esclaves, et ils en ont parfaitement le droit; la traite est abolie et les esclaves, jeunes ou vieux, qui existaient avant l'émancipation ne seront véritablement libres que dans vingt-huit ans à compter du décret qui a été rendu.

Le maître taxe l'esclave à tant par jour ou par semaine.

Il lui faut sa ration princière d'abord, et comme elle est réglée sur les forces, l'activité et l'intelligence du noir, il est assez difficile à ce dernier d'amasser un pécule et d'entretenir des danseuses.

On connaît à Rio des *propriétaires* qui ont au travail jusqu'à trois cents esclaves, et qui, chaque soir, encaissent tranquillement un revenu de liste civile.

Ils ont *acheté* l'outil, l'instrument, chair, sang et sueurs leur appartient. Ils sont d'ailleurs fort bons catholiques et membres de plusieurs *irmandadas* — confréries, — et ils suivent les processions les yeux béatement baissés et un cierge à la main; ils visitent les églises et font pieusement leurs Pâques.

8.

Les saints hommes!

Les *mulâtres libres* à Rio forment une classe active et intelligente et qui déjà a ses postes; c'est un Tiers-État qui pousse. On en trouve dans les hautes administrations, dans les cours de justice, aux assemblées, parmi les officiers de terre et de mer, dans les arts, les sciences, les professions libérales; ils prennent part et large part à l'œuvre de leur pays et de leur temps.

C'est qu'au Brésil la porte est ouverte pour tous : noirs ou mulâtres, Indiens ou métis; dès qu'ils sont libres, ils sont admis; la loi n'exclut personne, et malgré les vieilles mœurs coloniales, ailleurs si jalouses, le caractère national se prête avec grâce à ces justes prescriptions de la loi.

L'avenir appartient à cette race mêlée, qui chaque jour s'affirme davantage.

Rio est éclairé au gaz. Aucune ville d'Europe n'est aussi sûre et aussi tranquille ; on peut, sans courir le plus mince danger, parcourir tous les quartiers de la ville sans que personne s'occupe de vous.

Il y a peu d'incendies à Rio ; d'ailleurs, le service des pompiers est admirablement organisé et nous laisse bien loin du Brésil, ce qui n'est pas flatteur pour nous.

IX

San Cristoval.

Depuis huit jours que j'étais à Rio-de-Janeiro je n'avais pas eu un instant à moi; j'avais eu tant à faire, que j'étais littéralement sur les dents.

Un matin, M. Sohier arriva chez moi; j'étais un peu fatigué et je mettais mes notes au courant.

Après les premiers compliments habituels, M. Sohier me dit en riant :

— Il me semble que vous vous dorlotez, mon maître.

— Non pas, m'écriai-je vivement; mais je vous avoue franchement que je suis très-fatigué par la chaleur et les courses que j'ai été obligé de faire.

— Non, reprit-il avec un sourire railleur, ce n'est pas cela.

— Comment, ce n'est pas cela? Parfaitement.

— Allons donc, je sais très-bien ce qui vous tourmente.

— Bon! que serait-ce, à votre avis?

— Vous ne vous fâcherez pas?

— Pas le moins du monde.

— Ainsi je puis parler?

— Pardieu!

— Ce qui vous chagrine, c'est votre visite à l'Empereur.

— Mais!...

— C'est cela et pas autre chose, mon maître; ne hochez pas la tête, cela est.

— Cependant....

— Voilà neuf jours que vous êtes à Rio et vous n'avez pas encore été à Saint-Christophe; jusqu'à présent il n'y a pas de temps perdu, il a fallu vous installer, prendre langue et faire connaissance avec la ville; mais maintenant vous n'avez pas de prétexte pour ajourner davantage cette visite, d'autant plus que l'Empereur doit commencer à trouver singulier de ne pas entendre parler de vous.

— Vous avez raison; ce que vous me dites là, je me le suis dit à moi-même plusieurs fois déjà.

— Vous voyez bien.

— C'est juste ; mais j'ignore comment m'y prendre pour voir l'Empereur...

— Hein ?

— Je veux dire que je ne sais à qui m'adresser pour obtenir une audience de Sa Majesté, quelle étiquette est obligatoire et de quelle façon on doit se présenter devant l'Empereur.

M. Sohier éclata d'un rire tellement franc que j'en fus tout déconfi ; je regardai mon aimable cicerone d'un air si complètement ahuri que M. Sohier, qui commençait à se calmer, éclata de nouveau.

Enfin, peu à peu, cette gaieté un peu agaçante pour moi, prit fin, et mon excellent ami reprit son sérieux.

— Mon cher Aimard, me dit-il, je vois que vous vous croyez en Europe, où les rois et les empereurs font passer leurs visiteurs sous les fourches caudines des attentes et des ennuis sans fin.

— Dame, l'étiquette !

— Allons donc, nous sommes au Brésil, ici.

— Je le sais; mais les Portugais et les Espagnols ont toujours eu une étiquette de fer, du moins je l'ai entendu dire, car je me suis toujours tenu à l'écart des cours et des chambellans de toutes sortes.

— Ce qui est vrai en Europe ne l'est plus au Brésil.

— Ce qui veut dire?

— Tout simplement que les choses se passent autrement ici.

— Très-bien! mais cela ne m'apprend rien.

— Peut-être; voyons, c'est aujourd'hui vendredi, n'est-ce pas?

— Oui, toute la journée.

— Écoutez-moi et faites votre profit de ce que je vais vous dire.

— Parlez, je vous écoute.

— Et vous ferez ce que je vous dirai?

— Oui, si cela est possible.

— Vous allez voir.

— Je ne demande pas mieux.

— Tous les samedis, l'Empereur tient une audience publique, de deux à cinq heures, et toutes les personnes qui ont à lui adresser des demandes, à lui parler, enfin, pour quelque raison que ce soit, se rendent au palais de Saint-Christophe, sans lettre d'audience d'aucune sorte. On entre dans le palais, on monte au premier, on traverse une longue galerie et on entre dans la salle d'audience sans que personne s'occupe des arrivants.

— Bah! dis-je avec surprise, aussi facilement que cela?

— Parfaitement!

— Mais il doit y avoir une foule énorme.

— Oui, la foule abonde.

— Alors, comment pourrai-je arriver jusqu'à Sa Majesté ?

— Bien facilement, dit M. Sohier en souriant; l'Empereur connaît sur le bout du doigt toutes les personnes qui ont affaire à lui; quand une physionomie nouvelle apparaît, l'Empereur la voit d'un coup d'œil, il écarte la foule et vient tout droit au nouveau venu. D'ailleurs ne m'avez-vous pas dit que vous connaissiez l'Empereur ?

— Oui, j'ai eu l'honneur de le voir à Paris et d'échanger quelques mots avec lui; mais il m'aura oublié.

— L'Empereur n'oublie jamais; quand il a vu une fois quelqu'un, ne serait-ce que pendant cinq minutes, ses traits restent gravés dans sa mémoire.

— Hum ! cela est bien fort.

— Vous le verrez.

— Ma foi ! cela est tellement extraordinaire que je veux m'en donner la joie. Et tout se passe aussi simplement que cela ?

— Parfaitement.

— Tout ce que vous me dites-là me bouleverse; ce n'est pas un homme ordinaire, le souverain qui se conduit ainsi. Et pas de soldats, de hallebardes et de chambellans?

— Pas un chat. Il y a un poste d'une vingtaine de soldats, mais ils ne s'occupent jamais de ceux qui rentrent ni de ceux qui sortent.

— Pardieu! vous avez raison, il faut venir au Brésil pour voir pareilles choses.

— Ainsi vous irez demain à Saint-Christophe?

— Je le crois bien; pour rien au monde je ne voudrais y manquer, d'autant plus que je serai heureux de voir l'Empereur.

— A propos, j'oubliais, il faudra louer une calèche à deux mules, cela vous coûtera 2.000 reis (10 fr.).

— Ah diable! où trouverai-je une calèche?

— Ne vous occupez pas de cela, M. Lieden vous en trouvera une.

— Bravo! La course est-elle longue?

— Trois quarts d'heure à peu près.

— Ce n'est rien.

— Vous me raconterez, demain soir, comment l'Empereur vous aura reçu?

— Je n'y manquerai pas.

Bien que je fusse complètement assuré de la véracité de M. Sohier, tout ce qu'il m'avait dit me semblait tellement extraordinaire que je le soupçonnais d'avoir exagéré. M. Sohier était un méridional des environs de Nîmes, il avait la conception facile et l'imagination vive; plusieurs fois, je l'avais vu dans certaines discussions, il s'emballait et parlait à ne plus en finir, et, ce qu'il y avait de plus drôle dans tout cela, c'est qu'il était le premier à rire en disant avec humour :

— Allons, ma diable de tête a fait encore des siennes.

Et naturellement on riait.

Donc, je me méfiais un peu des renseignements que m'avait donnés mon cicerone; je voulus en avoir le cœur net.

Justement, M. Lieden, mon propriétaire, était dans le jardin, occupé à regarder deux Anglais qui jouaient aux boules avec ce flegme et ce sérieux qui caractérisent ces honorables insulaires.

— Vous ne sortez donc pas aujourd'hui? me dit-il en me serrant la main.

— Ma foi, non, répondis-je, il fait trop chaud, je veux attendre que la chaleur soit un peu tombée, on est comme dans une étuve, ne le trouvez-vous pas?

— Mais,n on, c'est la température ordinaire.

— Bien obligé, je fonds littéralement en eau.

— Ah! dame! reprit-il en riant, nous ne sommes pas en France.

— C'est vrai, je m'en aperçois.

— Est-ce que vous avez quelque chose à me dire?

— Oui, je voudrais vous demander un renseignement.

— De quoi s'agit-il?

— J'ai l'intention d'aller demain à San Cristoval.

— Vous aurez raison; justement demain, samedi, c'est jour d'audience publique.

— C'est pour cela que je désire aller à San Cristoval.

— Bon! vous avez besoin d'une calèche; ne vous en occupez pas, je m'en charge.

— Merci, mais ce n'est pas tout.

— Que désirez-vous?

— Je voudrais savoir comment je dois me présenter à l'Empereur?

— M. Sohier est venu vous voir; est-ce qu'il ne vous a pas renseigné?

— Si, parfaitement.

— Eh bien?

— Dame! je vous avoue qu'il m'a donné des renseignements tels que je ne sais pas à quoi m'en tenir.

M. Liedén se mit à rire.

— Que vous a-t-il donc dit de si extraordinaire? reprit-il. Voulez-vous me rappeler ce que M. Sohier vous a dit?

— Certes; c'est cela que je vous prie de me répéter; je crains que M. Sohier se soit laissé aller à son imagination.

— C'est possible; cependant je ne le crois pas. Du reste, je vais bien voir; je vous écoute.

— Eh bien, qu'en pensez-vous? demandai-je à M. Lieden quand j'eus terminé mon récit.

— Eh bien, cher monsieur Aimard, notre ami Sohier ne vous a pas dit un mot de trop; tout ce qu'il vous a dit est de la plus rigoureuse exactitude.

— Comment?

— Il n'y a rien à ajouter ou à enlever. Qu'en pensez-vous?

— Pardieu! m'écriai-je en riant, c'est simplement charmant; c'est très-agréable d'aller voir un souverain qui est à la fois un homme et un empereur. Cela est rare, surtout en Europe.

— Allons donc! et le président?

— Celui des Etats-Unis. Vous avez raison, tout le monde entre les mains dans ses poches à la Maison-Blanche; oui, il y a celui-là.

— C'est juste, mais je ne parlais pas de celui-là.

— Duquel, alors?

— Du président de la République française.

— Ah! très bien! Ne parlons pas politique, cher monsieur Lieden.

— Est-ce que nous parlons politique?

— Parfaitement.

— Allons donc?

— Tout ce que vous voudrez, cela n'empêche pas que j'ai raison.

— Cependant on m'a assuré que M. Grévy...

— Est un puritain qui déteste l'étiquette et vit au palais de l'Elysée comme un bourgeois.

— Eh bien?

— J'adore les légendes quand elles sont intéressantes, mais la vérité est la vérité après tout; je me suis risqué une seule fois à franchir le seuil du *palais*, et je cours encore. D'abord j'aperçus des factionnaires partout, j'entrai; je dois vous dire que j'avais demandé une audience au président de la République: il s'agissait pour moi d'une affaire très-sérieuse dans laquelle le président pouvait me donner gain de cause. Huit jours après ma demande d'audience je reçus une réponse signée d'un secrétaire qui m'annonçait que mon audience m'était accordée; bref, je passai à travers les soldats, je m'adressai à un concierge doré sur toutes les coutures qui, d'un air protecteur, daigna me renseigner; après avoir demandé mon chemin à je ne sais combien d'huissiers, la chaîne d'argent au col, en très-belle livrée, j'arrivai à une porte à laquelle je frappai.

Un nouvel huissier me demanda ce que je voulais, prit ma lettre d'audience et me dit d'attendre. On me fit attendre pendant au moins une heure; enfin on se décida à se souvenir que j'étais là depuis longtemps, et l'huissier me dit de le suivre. J'obéis. Après avoir parcouru je ne sais combien de corridors, une porte s'ouvrit, on m'annonça et je fus enfin introduit dans un cabinet magnifique : je croyais naïvement que j'allais être en présence du président de la République, jamais je ne m'étais autant trompé de ma vie. La personne qui me recevait était un avocat sans causes qui, quelques années auparavant, était pauvre comme Job et auquel j'avais eu l'occasion de rendre un très-grand service; ce monsieur fumait un regalia.

— Monsieur, me dit-il d'un air de protection et sans paraître me reconnaître, M. le président préside le conseil des ministres; il ne peut vous recevoir, mais il m'a chargé de le remplacer près de vous; veuillez, je vous prie, m'expliquer votre affaire en quelques mots, je suis fort pressé. De quoi s'agit-il?

— De rien, monsieur, répondis-je sèchement, c'est au président de la République seul que j'ai affaire, et je me levai. Du reste, monsieur, si l'occasion se présente de vous rendre un service pour la seconde fois, vous connaissez mon adresse, je serai toujours heureux de vous être agréable.

— Mais, monsieur, je...

Je lui coupai la parole, et, sans rien attendre de plus, je pris mon chapeau et je sortis.

Comment trouvez-vous cette audience?

— Hum! fit M. Lieden en hochant la tête, c'est à ce point?

— Le récit que je vous ai fait est une photographie, voilà où nous en sommes. Il est vrai que, sauf le mot de république, on agit de telle sorte qu'on se croirait en monarchie. Vous comprenez maintenant, n'est-ce pas, cher monsieur, combien j'ai dû être ébahi quand vous et M. Sohier m'avez donné ces renseignements : je redoutais une seconde histoire de l'Élysée; ce que je vois de plus clair dans tout cela, c'est que l'Empereur et le Président ont changé de rôle. L'avocat joue au monarque, tandis que le souverain issu d'une des plus anciennes races de l'Europe a compris son époque et ne se laisse pas aveugler par les dorures, les uniformes, les livrées et surtout par l'étiquette; cependant ils se tiennent par un point : la loyauté et le respect du serment. Le Président de la République est un honnête homme, mais l'Empereur du Brésil est plus : la postérité dira qu'il a été un grand homme.

— Bravo! s'écria M. Lieden, ce que vous me dites là, nous le reconnaissons tous.

Le lendemain, à l'heure convenue, une charmante calèche m'attendait.

— Bonne chance! me dit M. Lieden en riant.

Je partis au galop; cette allure se continua pendant tout le voyage.

Les rues que l'on suit pour prendre le chemin de Saint-Christophe sont très-larges, la route est fort belle, cependant, il y a deux choses qui m'ont choqué : la première, c'est la Correction, — c'est ainsi qu'on nomme les prisons au Brésil; — cette prison, dont je parlerai bientôt, se trouve dans la rue que l'Empereur est obligé de traverser toutes les fois qu'il vient en ville ou revient à Saint-Christophe; à mon avis, cette prison n'aurait pas dû être ainsi exposée aux regards du souverain; la seconde chose qui m'a choqué, c'est la voirie, où l'on jette toutes les ordures: chiens crevés, chevaux et mules abattus. Cette voirie est établie à un quart de lieue au plus du palais de l'Empereur; elle empeste l'air. Des milliers de dégoûtants vautours noirs, nommés *galinazos,* s'abattent sur les toits en poussant des cris discordants. Cette fois encore l'Empereur est contraint de traverser cette infection, ce qui n'est pas agréable, et, en somme, la voirie ne devrait pas être placée où elle est, surtout dans une capitale comme Rio-de-Janeiro. Il serait si facile, si l'on voulait s'en donner la peine, de renvoyer cette voirie honteuse, bien que nécessaire, à trois ou quatre lieues plus loin; l'espace ne manque pas, grâce à Dieu! Et puis il n'est pas bon de montrer ainsi ces ignobles détritus, qui infectent tout un quartier, d'autant plus que c'est un des plus beaux de la nouvelle ville.

La calèche tourna et j'aperçus l'ensemble du palais.

L'aspect est gracieux : de loin il semble appuyé sur les hautes montagnes qui ferment l'horizon et écrasent de leur masse immense les bâtiments qu'elles rapetissent.

On passe sous une espèce de péristyle assez médiocre, puis on arrive à une grille qui est largement ouverte.

Après avoir passé la grille, où deux ou trois soldats en faction et un concierge se tiennent en permanence, on enfile une immense allée garnie d'arbres qui ne donnent pas un pouce d'ombre. A droite, à gauche et derrière le palais s'étendent des jardins admirablement dessinés, dans le genre anglais, très-ombreux, dont l'effet est véritablement féerique. Le palais n'est élevé que d'un étage; l'architecture est de la plus grande simplicité.

En réalité, San Cristoval est plutôt un cottage qu'un palais, comme nous l'entendons en Europe.

Plusieurs calèches étaient arrêtées devant le palais. Mon cocher fit tourner sa voiture, passa devant le poste et s'arrêta devant une porte de côté; les soldats du poste étaient assis et ne s'occupaient nullement de ce qui se passait devant eux. Je mis pied à terre, mon cocher alla placer sa voiture auprès des autres et j'entrai dans le palais.

Je trouvai devant moi un large escalier recouvert d'un tapis, je montai.

Une personne, que je pris pour un huissier, et qui était un chambellan, se tenait au haut de l'escalier: je lui demandai où était l'Empereur.

— Tout droit et la deuxième porte à gauche, me répondit l'inconnu en souriant.

Je traversai un immense salon, qui paraît étroit à cause de sa grande longueur.

Ce salon était désert; il était complétement démeublé, il n'y avait pas même un tabouret; mais, en revanche, les murs étaient couverts de toiles dont presque toutes me parurent être de bons maîtres de plusieurs écoles, plusieurs même m'arrêtèrent tout net et me semblèrent remarquables; j'étais tellement attaché par ces toiles, que j'oubliai pendant un laps de temps assez long ce que je venais faire là; deux personnes qui sortirent en causant assez haut me rappelèrent à moi-même. Je tressaillis comme si je m'éveillais d'un songe gracieux; je me hâtai de continuer ma route; j'ouvris la porte que l'inconnu m'avait indiquée et je me trouvai dans un salon, fort bien meublé celui-là, et dans lequel se trouvaient assis commodément une dizaine de capucins, qui chuchotaient à qui mieux mieux; je traversai une galerie assez étroite, mais fort longue, remplie de monde.

L'Empereur se tenait au bout de la galerie : je le reconnus au premier regard, à sa haute taille, à sa barbe blonde mêlée de fils d'argent et à sa physionomie souriante.

L'Empereur m'aperçut et, écartant sans cérémonie les personnes qui se pressaient autour de lui, se dirigea aussitôt vers moi; de mon côté j'essayai de me rapprocher de lui.

Sa Majesté me tendit la main et daigna me dire que j'avais bien tardé à lui faire ma visite. Je m'excusai comme je pus; mais l'Empereur m'arrêta en souriant; il me dit quelques mots qui m'allèrent au cœur, si républicain que je sois.

— Tenez, me dit-il, avec un charmant sourire, je désire causer longuement avec vous; en ce moment cela est impossible, j'ai là une foule de braves gens que je dois essayer de satisfaire; faites-moi le plaisir de venir me voir lundi prochain, le matin : nous serons seuls et nous causerons de Paris. Est-ce convenu?

Je m'inclinai; l'Empereur ajouta quelques mots et m'accompagna jusque dans la galerie des tableaux; je pris congé et me retirai.

Une heure plus tard j'étais de retour à Rio.

MM. Sohier et Lieden ne s'étaient pas trompés d'un seul mot; tout ce qu'ils m'avaient annoncé s'était réalisé avec une exactitude mathématique.

En somme, j'étais enchanté.

X

Brésiliens et Français.

A mon retour de San Cristoval, je pris le *bond* — tramway — et je me rendis chez M. Sohier, ainsi que je le lui avais promis.

— Ah ! s'écria-t-il en me voyant, je vous attendais avec impatience.

— Ne devais-je pas vous voir après mon retour?

— En effet, c'était convenu. Eh bien, comment cela s'est-il passé?

— Ma foi, cher monsieur, je vous fais mon compliment bien sincère : tout s'est passé ainsi que vous me l'aviez annoncé, sauf que l'on m'a fait signer mon nom sur un registre.

— C'est juste, j'avais oublié cela, mais c'est une

formalité à laquelle on n'est obligé qu'une fois pour toutes; ainsi, cela s'est bien passé?

— Admirablement.

Et je racontai à M. Sohier la façon gracieuse dont l'Empereur m'avait reçu, et le désir qu'il m'avait témoigné de me voir le lundi suivant.

— A la bonne heure, répondit M. Sohier, j'étais certain qu'il en serait ainsi. Que faites-vous demain?

— Moi?

— Oui.

— Dame! demain, c'est dimanche, et....

— Avez-vous des engagements pour demain? m'interrompit-il.

— Pas le moindre.

— Ainsi vous êtes libre?

— Comme l'air. Pourquoi me faites-vous subir cet interrogatoire? dis-je en riant.

— Tout simplement parce que, avant de vous faire une proposition, je voulais m'assurer que vous pourriez l'accepter.

— Bon, de quoi s'agit-il?

— Voilà : le dimanche, il n'y a personne à Rio; les uns vont à Botafoco, à San Cristoval, d'autres vont à Saint-Domingue, dans les mornes, ou à la *Tijuca;* ceux qui ne vont nulle part s'enferment chez eux et...

— On m'a déjà instruit de tout cela, mon cher

compatriote, mais cela ne me dit pas ce vous attendez de moi.

— Vous avez raison, voici la chose en deux mots : Mme Sohier désire vous voir, elle a lu la plupart de vos ouvrages et désirerait beaucoup connaître l'auteur qui lui a fait passer de si bonnes heures.

— Mme Sohier est beaucoup trop aimable pour moi ; je crains bien que, lorsqu'elle me verra, le charme ne s'évanouisse subitement.

— Pardieu ! cher monsieur, reprit-il en riant, vous êtes coquet comme une jolie femme.

— Merci, lui répondis-je en m'inclinant ; au fait, je vous prie.

— Soit. Si cela ne vous contrarie pas, demain, vers trois heures, je viendrai vous chercher ; nous prendrons le bond — tramway — et je vous conduirai chez moi, où je vous prie de dîner en famille.

— Vous me comblez, mon cher monsieur Sohier ; c'est une charmante surprise que vous me faites, j'avais un grand désir de connaître votre aimable femme, ainsi que vos enfants.

— Bien vrai, vous acceptez ? s'écria l'excellent homme avec joie.

— Et c'est pour me faire une si agréable surprise que vous avez hésité si longtemps.....

— Ah ! dame ! que voulez-vous ? me dit-il, vous êtes un auteur, un homme qui fait une révolution à Rio, dont le nom est dans toutes les bouches et que tout le monde désire connaître !

— Allons donc, mon cher monsieur, vous vous laissez influencer par ce mirage !

— Dame ! écoutez-donc....

Je me mis à rire, je lui serrai la main et le quittai en lui disant :

— Demain, je vous attendrai.

— A trois heures, heure militaire.

— C'est entendu, à demain.

— A demain.

Un bond passait, je montai dedans et rentrai chez moi pour m'habiller ; je ressortis peu d'instants après pour faire des visites.

Pendant mon absence, un monsieur m'avait apporté un livre et avait laissé sa carte. Cette carte était ainsi libellée : *A. d'Escragnole Taunay;* et au-dessous : officier supérieur de l'armée brésilienne.

J'étais très-intrigué de cet envoi, l'ouvrage était écrit en français et était intitulé : *Retraite de Lagune ; épisode de la guerre du Paraguay,* imprimé et édité à Paris par E. Plon, 1879.

Le nom de l'auteur devait être français.

J'eus recours à M. Lieden : c'était lui qui avait

reçu le livre et la carte en mon absence; je lui demandai donc s'il connaissait M. Taunay.

— Parfaitement, me répondit-il, son père était Français et a été consul de France à Rio pendant plusieurs années; le fils est officier supérieur de l'armée brésilienne, il est sans doute naturalisé Brésilien; il est très-considéré, et l'Empereur, qui se connaît en hommes, fait grand cas de lui.

Ces renseignements si nets et si impartiaux me produisirent un excellent effet. Aussitôt rentré dans ma chambre j'ouvris le livre; et puis, avouons-le, l'auteur m'avait écrit une gracieuse dédicace sur la première page de son livre. Quoi qu'on en dise, on est toujours flatté de recevoir des compliments que l'on croit mériter.

Comme la plupart de mes confrères, je me suis fait une loi de ne jamais lire les ouvrages que l'on m'adresse; s'il me fallait lire tous ces volumes, je ne pourrais faire que cela et cela me mènerait trop loin, on le comprendra facilement.

Mais cette fois la situation n'était pas la même. J'étais au Brésil et il était de mon intérêt de me rendre compte de la littérature du pays; ainsi on m'avait offert la collection complète de la *Revue brésilienne*, dont j'ai parlé plus haut, et je l'avais lue avec un vif plaisir.

Cette fois, il s'agissait d'un ouvrage écrit en

français et traitant d'événements se rapportant à l'histoire de la guerre du Brésil contre le Paraguay; l'affaire était sérieuse.

Je pris le livre et je commençai à le lire. Je dois constater à l'honneur de l'auteur que l'épisode qu'il racontait, et dans lequel il avait été acteur, avait été fort bien choisi, admirablement raconté, soigné comme style et très-réussi comme types curieux et véritablement vivants; on les voit, on les entend.

Cette œuvre très-soignée est d'un maître; j'ajouterai que moi, blasé, j'ai lu tout d'une haleine ce livre assez compact et sans en sauter une seule ligne.

Je fais ici mes sincères compliments à M. Taunay, et je suis heureux que, aussi loin de la vieille Europe, nous rencontrions en Amérique des Français qui nous fassent tant d'honneur.

Au moment où je fermais le livre, M. Sohier entrait chez moi.

— Etes-vous prêt? me dit-il en me tendant la main.

— Tout à vos ordres.

— A la bonne heure!

M. Sohier affectionnait ces quatre mots; à la bonne heure, et ne passait pas un quart d'heure sans les dire au moins deux fois.

— Ainsi vous pouvez partir?

— Quand il vous plaira, seulement le temps de passer mon paletot, tordre une cigarette et l'allumer, et je suis à vos ordres.

— Que lisiez-vous quand je suis arrivé?

— Un livre de M. Taunay.

— La *Retraite de Lagune?*

— Précisément; vous l'avez lue?

— Non; je ne connais rien aux choses de la guerre, moi, cher monsieur; vous oubliez toujours que je ne suis qu'un pauvre horloger-bijoutier, pas autre chose.

— Pas si pauvre, dis-je en riant.

— A la bonne heure! dit-il en faisant chorus, et redevenant sérieux : cet ouvrage est très-apprécié ici, et cela d'autant plus qu'il paraît que l'auteur s'est fort bien conduit pendant cette retraite et qu'il s'est distingué dans ces circonstances, qui furent des plus critiques.

— Ce que vous me dites me fait le plus grand plaisir, car dans son livre M. Taunay s'efface complètement et ne parle pas une seule fois de lui.

— Cela ne m'étonne pas, la modestie va bien à un homme qui a si bien accompli son devoir devant l'ennemi; M. Taunay n'est pas le premier venu.

— Peste! je le crois!

— Oui, il a su conserver le caractère français, tout en devenant Brésilien.

— Il fait honneur à son ancien pays d'origine ; du reste, il est très-considéré à Rio, et l'Empereur, paraît-il, le tient en une haute estime.

— Il la mérite.

— Là, voilà qui est fait; maintenant, je suis à vos ordres; nous partirons quand vous voudrez.

— Tout de suite ; nous allons loin.

— Bon, est-ce que nous quittons la ville?

— Non pas; je ne suis pas assez riche pour me donner le luxe d'un cottage à Botafoco ou à Saint-Domingue; j'habite une modeste maisonnette sur la route de San Cristoval, presque à l'extrémité de Rio.

Tout en causant ainsi, nous avions quitté la maison de M. Lieden et nous remontions la rue de Riochuelo en tournant le dos à l'aqueduc.

— Voici notre bond, dit M. Sohier, dans un quart d'heure nous serons rendus.

Il arrêta le tramway; il était bondé de voyageurs, cependant nous réussîmes à nous caser tant bien que mal.

Les mules repartirent au galop, les pauvres bêtes ne connaissant pas d'autre allure.

— Est-ce que vous avez du monde à dîner? demandai-je.

— Non, nous sommes en famille, vous ne trouverez chez moi que mon associé.

— Lequel ?

— Le Français, l'horloger.

— Tant mieux, c'est un charmant garçon que j'aime fort.

— Il vous le rend bien.

— Nous allons passer une très-agréable soirée.

— Je l'espère : du reste, je ferai tout ce que je pourrai pour cela.

Nous galopions depuis une vingtaine de minutes lorsque M. Sohier tira la sonnette.

Le bond s'arrêta net.

— Descendons, nous sommes arrivés, dit M. Sohier.

— Mais que me disiez-vous donc que c'était si loin ?

— S'il vous avait fallu faire la course à pied, vous en auriez eu pour au moins une heure, venez par ici : je demeure dans cette rue qui est devant nous.

— Diable ! la côte est rude.

— Oui, assez ; mais soyez tranquille, nous n'allons pas au bout de la rue, mais peu s'en faut.

En effet, ladite rue, très-large et très-bien pavée, ce qui est rare à Rio, était une véritable échelle de Jacob.

La montée dura environ cinq minutes, j'étais très-essoufflé et M. Sohier au moins autant que moi; enfin il s'arrêta en poussant un ouf! de soulagement.

— Nous y voici, dit-il en s'essuyant le front, attendez que je trouve ma clé.

— A votre aise, cela me permettra de souffler, dis-je en riant.

— Ah! je la tiens enfin. Je craignais de l'avoir perdue, et il se mit aussitôt en mesure d'introduire cette clé dans la serrure.

Mais au même instant la porte s'ouvrit du dedans, et une femme, jeune encore et fort belle, apparut souriante sur le seuil de la porte; elle tenait dans ses bras un charmant bébé de trois ans à peine, ce bébé était une ravissante petite fille blonde et bouclée.

Aussitôt qu'elle aperçut son père, la fillette frappa dans ses mains en s'écriant toute joyeuse :

— Ah! papa! Bonjour, papa! Nini bien sage.

Et elle se pendit au cou de son père, qui la mangea de caresses.

— Ainsi, tu as été bien sage?

— Oui, papa, bien sage. Pas vrai, maman?

— Hum! dit la maman en riant et découvrant une double rangée de perles, il n'y a pas d'excès. Mais entrez donc, messieurs, au lieu de rester ainsi debout devant la porte, ajouta-t-elle du ton le plus sympathique.

On entra.

Aussitôt après ma présentation à Mme Sohier par son mari, dans les termes les plus affectueux, Mme Sohier me fit force compliments et elle me dit que son mari lui avait beaucoup parlé de moi, et que, depuis mon arrivée à Rio, elle avait eu le plus grand désir de voir celui dont les ouvrages l'avaient si intéressée.

Je m'inclinai à ces compliments, faits par une si belle bouche et dont l'accent était si sympathique et vrai.

Mme Sohier causa ainsi pendant quelque temps avec nous, s'informant de ce que je pensais de Rio, si je m'y plaisais, si l'on m'avait bien accueilli à mon arrivée et de bien d'autres choses encore; puis elle nous demanda la permission de nous quitter pendant quelques instants, pour vaquer à ses devoirs de maîtresse de maison.

M. Sohier, quand sa charmante femme se fut retirée, me dit :

— Maintenant, mon cher maître, vous êtes chez vous; mettez-vous à votre aise, ne vous gênez pas; voici un chapeau de paille, débarrassez-vous de votre paletot; nous ne faisons pas de cérémonies; nous allons visiter la maison; vous

vous rendrez ainsi compte de ce que c'est qu'une maison brésilienne.

La visite commença.

Ce fut pour moi une surprise singulière.

Je connaissais l'architecture baroque des maisons de Rio, mais je ne me faisais pas une idée, mais pas du tout, de ce qu'elles pouvaient être à l'intérieur.

Je ne veux pas prétendre que toutes les maisons sont taillées sur le même patron que celle de M. Sohier, mais, ainsi que j'ai eu plusieurs fois depuis l'occasion de m'en assurer, elles sont pour la plupart mal agencées, très-mal disposées, incommodes et sans une seule entente du confortable.

La maison de M. Sohier était construite sur la pente d'une montagne : aussitôt que l'on avait franchi la porte, on se trouvait en face d'un escalier en pierre d'une trentaine de marches' flanqué à droite et à gauche d'un mur très-haut; cet escalier avait à peine un mètre de largeur; quand on avait descendu l'escalier on avait devant soi un jardin grand comme la main, sans ombre, mais fort bien soigné; avant le jardin, et communiquant avec lui, s'ouvrait une espèce de cave dont l'aire était en terre battue; là était la cuisine, et, derrière cette cuisine, il y avait une salle de bains dans le même style; puis un autre escalier, ou pour mieux dire une espèce d'échelle, seulement les marches étaient assez larges, mais, en revanche, très-raides.

Après avoir grimpé cet escalier, il y avait à gauche une très-grande salle à manger, très-haute de plafond, éclairée par quatre larges fenêtres, d'où on jouissait d'un admirable point de vue; mais ce n'était pas l'architecte qui l'avait fait, heureusement, car il l'aurait évidemment gâté; on lui doit des remerciements pour ne pas y avoir songé.

A droite, juste au sommet de l'escalier, s'ouvrait une porte si adroitement placée que l'on courait à chaque instant le risque de dégringoler d'une hauteur de quatre mètres au moins dans la cuisine, et sans possibilité de s'arrêter en route.

Quand on avait réussi à franchir ce pas dangereux, on pénétrait dans une enfilade de chambres se commandant toutes, très-hautes de plafond, bien éclairées et fort richement meublées à la française, avec le goût exquis que les Parisiennes possèdent.

Il y avait surtout d'adorables lits avec sommier, matelas moelleux, traversins, oreillers et le reste, devant lesquels je restai malgré moi en admiration, moi qui étais contraint de dormir toutes les nuits étendu sur mon fauteuil à bascule, enveloppé dans mon manteau; j'avoue que je poussai un soupir d'envie.

Les lits étaient entourés de moustiquaires en gaze très-légère, sauf cela on se serait cru en France.

M. Sohier eut soin de m'apprendre que les Français établis à Rio se hâtent de se munir de ces lits, qui nous sont indispensables, aussitôt que cela leur est possible; à Rio même, on en trouve d'excellents, mais ils coûtent extrêmement cher.

Voilà quelle était la maison de M. Sohier; il y tenait beaucoup parce que, me disait-il, elle était très-commode, et qu'il avait longtemps cherché avant de la trouver.

Que devaient être les autres!!!

Au lieu d'un de ses associés il en arriva deux, un Brésilien, charmant garçon, gai, bon enfant et parlant le français comme un Parisien.

Du reste, tout le monde parle le français à Rio; je ne sais véritablement pourquoi les Brésiliens s'obstinent à parler le portugais, d'autant plus qu'ils sont presque Français de caractère; d'ailleurs n'appartiennent-ils pas, comme nous, à la race latine?

A six heures on se mit à table.

Nous étions sept à cette table, y compris le fils de M. Sohier, beau garçon de quinze à seize ans, et le bébé rose.

Une négresse et un nègre, esclaves tous deux, faisaient le service.

J'étais placé à la droite de la maîtresse de la maison et j'avais devant moi M. Sohier.

Le dîner était bien entendu, très-fin et digne d'un meilleur appréciateur que moi, qui mange très-peu et suis mauvais buveur; les vins de Bordeaux n'étaient qu'en deuxième ligne, les vins de Bourgogne étaient fêtés par les convives; il y avait surtout un corton qui était exquis, ainsi que du champagne.

Je me rappelai cette longue mystification qui a duré plus d'un siècle, que les Bordelais avaient inventée: ils avaient déclaré que le vin de Bordeaux seul pouvait traverser la mer, que tous les autres vins, bourgogne et autres, se gâtaient et ne valaient plus rien après huit jours de traversée, tandis que le bordeaux se bonifiait et que rien n'était comparable au bordeaux retour de l'Inde; cette prétention aurait dû faire ouvrir les yeux; on les crut sur parole, il fallait la vapeur pour remettre chaque chose à sa place; aujourd'hui on rit de cette trop longue duperie.

Au dessert, on mit sur la table un ananas de Pernambuc; ces ananas sont préparés d'une façon exquise, on ne saurait s'en faire une idée quand on n'en a pas mangé.

Je suis étonné qu'on n'ait pas eu la pensée d'en envoyer à Paris : cela serait facile, ces ananas se conservant très-bien ; espérons que bientôt les Parisiens feront connaissance avec cet excellent fruit, que nos contrefaçons françaises ne rappellent que de très-loin.

Le dîner fut fort gai, chacun se sentait à son aise; le maître de la maison était le premier à nous exciter à rire et à plaisanter ; il prêchait joyeusement l'exemple, ce que devraient faire tous les maîtres de maison.

Je partage entièrement l'opinion de Brillat-Savarin; il émet un aphorisme, qui me semble vieux comme le monde.

Le voici : « Tout homme qui en invite un autre à dîner doit se charger du ou de ses convives, et les rendre heureux pendant le temps que dure le dîner..»

M. Sohier s'acquitta admirablement de ce devoir, et il y aurait complètement réussi sans son fils.

Agé à peine de seize ans, peu intelligent, ignorant, gâté et adoré jusqu'à l'idolâtrie, ce garçon, qui se croyait tout permis et certain de l'impunité, tranchait sur tout, interrompait les convives, et à chaque instant s'emparait de la conversation et lâchait les bourdes les plus idiotes; son père s'en apercevait parfaitement, mais il n'osait rien dire de peur de chagriner la mère qui l'écoutait avec ravissement.

Entre autres choses qu'il dit à propos de je ne sais quoi, il déclara qu'aussitôt qu'il aurait l'âge voulu, il se ferait naturaliser Brésilien, et, sur ce thème, il enfila une foule d'absurdités très-blessantes pour les Français qui l'écoutaient et qui me faisaient rougir malgré moi.

Voyez-vous un gamin, presque un enfant encore, qui ne sait rien, et qui se permet de dire que la France est un pays perdu; que la nouvelle loi sur l'armée était honteuse; qu'il ne voulait pas être soldat en France et se faire tuer pour servir de chair à canon, etc., etc.

Au fond, il avait peur et se faisait Brésilien par lâcheté.

Malheureusement j'ai été à même, pendant le cours de mon voyage, de reconnaître que, dans tous les pays que j'ai visités, la plupart des fils de Français raisonnaient comme le fils de M. Sohier; ils tremblaient à la seule pensée d'être soldats; ils ont surtout une peur bleue des Allemands, ce sont leurs croquemitaines; c'est honteux pour la France, ils ont raison de rester en Amérique.

A l'époque de la première révolution, beaucoup de Français proscrits et fuyant l'échafaud qui était suspendu sur leur tête, se réfugièrent en Amérique; à la Terreur blanche, au retour des Bourbons, de nombreux Français demandèrent un refuge à l'Amérique ; mais les nobles de 92 et les réfugiés de 1815 étaient des proscrits, ils n'avaient plus de patrie; plus tard, la plupart rentrèrent en France, quelques-uns se firent naturaliser dans le pays qui leur avait offert une nouvelle patrie; beaucoup, et j'en ai connu un grand nombre, établis au Brésil, à Buenos-Ayres, aux États-Unis, sont toujours restés Français, bien que sans espoir de retour possible.

Mais ces Français avaient le droit de faire ce qu'ils ont fait, personne ne leur a jamais jeté la pierre. La situation dans laquelle ils se trouvaient les obligeait à faire ainsi.

Nombre de Français, et j'en ai connu, en 1870, à la nouvelle de nos désastres, ont tout abandonné pour venir combattre avec nous. Beaucoup ont été tués par l'ennemi, ceux qui ont survécu sont revenus en Amérique, heureux d'avoir fait leur devoir de Français; ceux-là ne se sont pas fait naturaliser, il sont restés Français quand même, et tout le monde les honore et on les salue avec respect.

Mais laissons cela, cette défaillance fait monter la honte au front; mieux vaut s'arrêter, il y aurait bien des choses ignobles à révéler.

Vers dix heures on se leva de table et on s'habilla pour rentrer chez soi.

Les deux associés de M. Sohier se chargèrent de me mettre chez moi.

Je pris congé de Mme Sohier avec force compliments qu'elle avait bien mérités.

Je serrai la main de M. Sohier et je partis.

Justement un bond passa devant nous, cela nous évita une fort longue course.

Pendant le trajet on causa.

Le Francais dit, en haussant les épaules :

— Ils sont tous ainsi, la peur les fait divaguer.

— Fameuse recrue pour le Brésil! dit le Brésilien avec un sourire ironique.

Quelques jours après je vis M. Sohier : il me pria d'excuser les sottises que son fils avait lâchées pendant le dîner et surtout au dessert.

Je serrai la main de l'excellent homme, en lui répondant en riant :

— Il est encore très-jeune, il changera en prenant de l'âge.

M. Sohier rayonna à cette réponse.

Mes deux compagnons m'avaient accompagné jusqu'à ma porte, je les remerciai et je rentrai chez moi; il était onze heure du soir.

XI

Choses et autres.

Le lendemain lundi, je partis pour San Cristoval, pour satisfaire le désir que Sa Majesté avait témoigné de causer avec moi.

Cette fois le palais était solitaire, il me rappelait ce palais des *Mille et une Nuits* dont les habitants avaient été enchantés par une méchante sorcière et où un seul personnage était resté vivant.

Je montai l'escalier, je traversai la galerie des tableaux et j'entrai dans le premier salon; là, je trouvai un chambellan qui m'annonça que je trouverais l'Empereur au bout de la galerie où il donnait ses audiences, et qu'il m'attendait.

Je pressai le pas ; mais à peine étais-je à moitié de la galerie, que j'aperçus Sa Majesté qui venait au-devant de moi.

L'Empereur me fit entrer dans un petit salon, me présenta un siège et s'assit près de moi. J'eus alors avec Sa Majesté une longue conversation, une de ces causeries pleines de charme, d'esprit et de traits comme on n'en sait faire qu'à Paris ; il y avait longtemps que je n'avais été aussi intéressé ; l'Empereur parle parfaitement le français et avec une certaine élégance.

Don Pedro II est un homme de haute taille, il a les traits fortement caractérisés. Il porte toute la barbe, qui était blonde et maintenant est presque blanche ; sa physionomie est franche et bienveillante, son regard droit ; par instants, quand il s'anime, ses pupilles lancent des éclairs magnétiques et pleins de profondeur ; sous cette bonhomie, que peut-être il affecte un peu, il doit y avoir une volonté de fer.

Né à une époque troublée, il a appris la vie de bonne heure ; les exemples nombreux qu'il avait à chaque instant sous les yeux lui donnèrent une expérience pratique qui aurait pu le rendre sceptique, mais il n'en fut pas ainsi ; né bon et bienveillant, il ne changea pas avec l'âge. Il ne demanda pas à la nature humaine plus qu'elle ne peut donner. C'est un philosophe pratique dans toute l'étendue du mot. Il y a en lui du Léopold Ier de Belgique et du Louis-Philippe. L'Empereur du Brésil est non-seulement un homme d'esprit et de cœur ; c'est, de plus, un érudit ; ce qu'il ne sait pas, il le devine ; il voit juste et vivement ; il a beaucoup étudié pendant ses voyages en Italie et en France, il a fait profiter le Brésil de ses observations ; il est plus libéral que ses sujets eux-mêmes, parce que ses convictions sont réfléchies, tandis que ses hommes d'État cherchent encore leur voie dans le dédale de la politique, sans comprendre souvent l'impulsion que l'on doit donner au progrès.

Jamais l'Empereur ne s'arrête : il veut tout voir par lui-même, il fait marcher le progrès à la vapeur ; il a transformé le Brésil, en quelques années à peine, et il se plaint de ce que cela ne va pas assez vite.

Voilà l'Empereur du Brésil en deux mots : grand politique, honnête homme et grand cœur. De tels souverains sont rares dans tous les temps et surtout dans le nôtre ; que Dieu le garde !

Après avoir causé de tout et de bien d'autres choses encore, l'Empereur me dit en souriant :

— La *Gazetta de Noticias*, à votre arrivée, a annoncé que vous m'apportiez un cadeau.

— La *Gazetta* a dit vrai, sire, répondis-je; j'ai cherché assez longtemps, je l'avoue; je voulais offrir à Votre Majesté quelque chose qui vous ferait plaisir et à la fois vous serait utile.

— Bien pensé, dit l'Empereur en souriant, et à quoi vous êtes-vous arrêté?

— Sire, quand je préparai mon voyage, Paris, ce grand enfant que vous connaissez, était affolé par le phonographe.

— Vous m'apportez un phonographe! s'écria joyeusement l'Empereur.

— Ma foi! oui, sire, je l'ai fait construire tout exprès pour Votre Majesté, et je vous le garantis : il a été fait avec le plus grand soin.

— Ah! voilà une charmante surprise; merci, ajouta-t-il en me serrant la main, je le mettrai à l'École polytechnique; où est-il ce phonographe?

— J'avais eu la pensée de l'apporter avec moi.

— Vous auriez eu raison.

— C'est vrai, sire, mais je dois dire à Votre Majesté que ce phonographe est très-lourd, qu'il se compose de cinq colis, qu'il m'aurait fallu une voiture pour le transporter, et je ne serais pas arrivé à San Cristoval avant deux heures de l'après-dîner, et Votre Majesté n'aurait pas su ce que je serais devenu et aurait pris de moi une trop mauvaise opinion.

— Vous avez eu raison, je ne songeais pas à tout cela, et puis mieux vaut que vous ne l'ayiez pas apporté, puisqu'il aurait fallu le retransporter à Rio.

— Avez-vous quelqu'un ici pour le faire marcher?

— Que cela ne vous inquiète pas, j'en fais mon affaire, dit l'Empereur.

— Tant mieux, sire, car je vous avoue que je n'y connais rien.

— Où est-il le phonographe?

— Chez moi, sire.

— Chez Lieden.

— Comment! vous savez?

— Pardieu! pourquoi aurais-je une police?

— C'est juste, sire, je suis un niais.

L'Empereur se mit à rire.

— Je le ferai prendre aujourd'hui même.

— Comme il plaira à Votre Majesté. Alors je me sauve, pour arriver à temps.

— Attendez donc un instant.

Je m'inclinai.

— J'ai donné des ordres pour que vous puissiez tout voir et visiter tout ce qu'il y a de curieux à Rio.

— Je remercie Votre Majesté; sire, j'allais vous adresser cette demande, vous me faites un grand plaisir; maintenant, je demanderai à Votre Majesté de me donner mon congé, car il est nécessaire que j'assiste à l'enlèvement des colis pour que l'on ne casse rien.

— Allez donc, dit l'Empereur en me tendant la main, vous me ferez toujours plaisir quand il vous plaira de me venir voir; mais, pendant votre séjour à Rio, je désire vous voir tous les lundis à la même heure.

— Votre Majesté me comble.

— A lundi prochain, à la même heure; c'est entendu, n'est-ce pas?

— Je le crois bien, sire!

Je pris congé et je partis.

J'étais à peine rentré depuis trois quarts d'heure chez moi, lorsqu'une voiture attelée de deux mules arriva au galop dans l'allée et s'arrêta devant la porte; un chambellan descendit et demanda si j'étais chez moi.

M. Lieden répondit que je venais de rentrer.

Presque aussitôt on frappa à ma porte.

Je dis :

— Entrez.

Le chambellan me salua en souriant, en me disant :

— C'est à monsieur Gustave Aimard que j'ai l'honneur de parler?

— Oui, monsieur, répondis-je, et tout à votre service.

— Je vous remercie, monsieur, dit le chambellan en s'asseyant dans le fauteuil que je lui approchais.

— Monsieur, je viens de la part de S. M. l'Empereur, reprit-il.

— Je sais, vous venez prendre un phonographe.

— C'est cela même, monsieur, puis-je l'emporter?

— Parfaitement, et, lui désignant les colis, voici ce que vous devez faire enlever; seulement, je vous avertis que cela est très-lourd et surtout doit être transporté avec le plus grand soin.

— L'Empereur m'a averti, j'ai pris toutes les précautions nécessaires; d'ailleurs nous marcherons doucement.

— Je vous y engage; du reste, d'après ce que l'Empereur m'a fait l'honneur de me dire, la course ne sera pas longue.

— En effet, nous allons à l'Ecole polytechnique, ce n'est pas très-loin; permettez-moi d'aller chercher les chargeurs, dit-il en se levant.

— Pourquoi descendre, lui dis-je, il vaut mieux les appeler par la fenêtre.

— En effet, je n'y songeais pas. Je vous remercie, monsieur.

Il se pencha à la fenêtre, il appela ses hommes, qui arrivèrent presque aussitôt.

Les chargeurs examinèrent les colis, les soulevèrent.

— C'est lourd, dirent-ils, mais nous les enlèverons tout de même.

— Ayez bien soin, dis-je au chambellan; ne mettez pas le plus grand colis sans dessus dessous, c'est celui qui renferme le phonographe.

Et je lui indiquai les points de repère.

En moins de dix minutes tout fut terminé; le chambellan me serra la main et tout était dit.

Du reste, l'instrument avait été arrimé avec le plus grand soin; j'appris plus tard par l'Empereur lui-même que tout était arrivé en bon état, ce qui me fit grand plaisir.

Quelques jours auparavant j'avais assisté à un dîner offert à plusieurs personnes que je ne connaissais pas, sauf l'amphitryon, le directeur de la grande fabrique de liqueurs de Porto-Real.

Au nombre des convives se trouvaient deux médecins français, M. Courty, professeur de l'Ecole de médecine de Rio et M. Brissay, qui venait de passer sa thèse de la façon la plus brillante devant la Faculté de médecine de Rio.

Entendons-nous, M. Brissay était docteur de la Faculté de médecine de Paris; mais une loi exige que tout médecin qui veut exercer au Brésil soit obligé de passer une nouvelle thèse.

Cette loi qui, en apparence, paraît d'abord vexatoire, n'est que juste, et voilà pourquoi :

A l'époque où j'étais en Amérique, il y a plus de trente ans, une foule de charlatans qui n'étaient pas même officiers de santé, ne possédant pas la plus légère teinture de médecine, ne sachant quel état prendre pour vivre, se déclaraient médecins, comme ils se seraient intitulés chirurgiens ou charpentiers, ou tout autre état, car ils ne savaient rien, ils étaient complètement ignares. Entre leurs mains homicides les malades mouraient à qui mieux mieux ; c'était pire que la peste, les villes étaient littéralement décimées.

Le gouvernement s'émut de cette mortalité. Pour arrêter le fléau, on décida que tout médecin qui arriverait au Brésil avec l'intention de professer la médecine serait tenu de passer une nouvelle thèse, et on s'en trouva bien. Revenons au dîner.

Parmi les convives, il y avait un député ; je crois même que le dîner était donné en son honneur.

Ce député, nommé M. Nabuc, est jeune encore ; particularité singulière, il ressemble beaucoup à Paul de Cassagnac, sauf qu'il a le regard vif, plein d'éclairs, qu'il regarde bien en face et que son sourire est très-spirituel ; c'est là que cesse la ressemblance ; je crois qu'il en est de même pour le moral, au point de vue de la politique, bien entendu.

M. Nabuc est fort instruit : sans compter sa langue maternelle, il parle le français et l'anglais avec une rare perfection ; il a des aperçus fort justes, juge bien ; il connaît très-bien les hommes politiques européens ; sa conversation est bien suivie, il a de la profondeur dans les idées ; en un mot, M. Nabuc est un homme remarquable sous tous les rapports ; il est le chef de l'opposition à la Chambre et il est à peine âgé de trente-deux ans.

Je reviendrai sur lui quand je le connaîtrai mieux ; je dois le revoir.

Le dîner se prolongea jusqu'à neuf heures et demie.

Je me sentais très-indisposé, je pris sur la place une voiture pour 500 reis ; en arrivant devant ma porte, le cocher me réclama le double de la course, soit 1.000 reis ; je ne voulais pas me laisser si odieusement exploiter par ce drôle ; je commençais à me fâcher et je ne sais pas trop comment cela aurait fini, lorsqu'un inspecteur de police, qui, depuis quelques instants, écoutait sans rien dire, a coupé court à cet incident désagréable en montant subitement dans la voiture et ordonnant au cocher de le conduire dans un endroit dont je n'ai pas entendu le nom ; mais je suppose que le cocher, tout penaud, fut forcé de se rendre dans un poste quelconque qui ne devait pas être un lieu de délices.

Je ne pus m'empêcher de rire de la figure du cocher en se voyant si bien pris sur le fait.

Je rentrai chez moi ; je me fis un grog chaud, mon remède ordinaire, je m'enveloppai dans mon manteau et je m'étendis sur mon fauteuil à bascule, où j'ai très-bien dormi toute la nuit.

Bien que je fusse encore souffrant, je sortis et je me rendis à la *confiteria* Deroche.

A Rio, il n'y a pas de cafés ; il n'y a que des confiterias ; mais le nom seul change ; la chose reste la même ; on boit de toutes espèces de boissons, on joue, etc.

MM. Courty et Brissay m'avaient donné rendez-vous, vers trois heures, chez Deroche, un brave Français qui, en quelques années, a réussi à faire une fort belle fortune.

Mes deux nouvelles connaissances m'attendaient déjà.

Naturellement, ils me demandèrent ce que je voulais prendre.

Naturellement aussi, je répondis :

— Je ne prendrai rien, d'abord parce que je suis indisposé, et puis je ne prends jamais rien entre mes repas.

— Voilà qui est précieux, dit le docteur Courty.

— Qu'avez-vous donc? me demanda le docteur Brissay.

— Je ne sais, répondis-je; je crois que cette indisposition provient de fatigue.

— Bah! fit-il en riant, je me charge de vous guérir en cinq minutes.

—Pardieu! je vous en serais bien reconnaissant.

— Ne me remerciez pas; nous avons fait le pari avec Courty de dîner tous trois chez Moreau et après d'aller à l'Alcazar. Vous comprenez qu'il est de notre intérêt que vous ne soyez plus malade.

— C'est vrai, mais malheureusement...

— Ta! ta! ta! attendez-moi pendant cinq minutes, vous verrez.

— Faites.

Le docteur Brissay sortit en riant.

— Le docteur plaisante, n'est-ce pas? demandai-je.

— Pas le moins du monde.

— Alors, c'est sérieux ?

— Très-sérieux, vous verrez.

— Soit, j'attendrai, c'est probablement quelque panacée?

— Non pas, c'est un remède sérieux.

— Diable! vous piquez ma curiosité.

— C'est un remède portugais, ou plutôt, pour être dans le vrai, les Portugais l'ont pris aux Indiens. Ils s'en trouvent bien et l'appliquent dans les indispositions provenant de fatigues trop grandes.

— Oh! si c'est un remède indien, je le crois bon; j'ai souvent essayé de la médecine indienne, je m'en suis toujours bien trouvé.

— Hum! dit le docteur, vous êtes un peu exclusif, c'est un tort.

— Peut-être, je ne dis pas non; mais voici le docteur.

En effet le docteur Brissay entrait dans la confiteria; il tenait un flacon microscopique à la main. Il demanda un verre à un garçon, il versa de l'eau au quart du verre, puis il vida le contenu du flacon et, me tendant le verre :

— Buvez d'un seul coup, me dit-il.

Je bus.

Ces messieurs allumèrent, le docteur Courty un cigare, son collègue une cigarette; je suivis leur exemple.

On causa de choses et d'autres, mais on ne parla pas de la potion que j'avais bue.

Peu à peu la confiteria se remplit, plusieurs

Français vinrent serrer la main aux deux docteurs et prirent place auprès de nous, de sorte qu'en moins d'un quart d'heure nous étions une douzaine à notre table; ces messieurs furent très-aimables avec moi et se félicitèrent de me rencontrer à Rio.

En général on ne buvait que des boissons rafraîchissantes, mais on buvait beaucoup.

Quand arriva le quart d'heure de Rabelais, chacun sortit de ses poches des paquets de billets de toutes couleurs et de toutes sommes, depuis cinq cents reis jusqu'à cent mille reis et plus; je remarquai que ces billets étaient généralement très-crasseux.

Il n'y a que très-peu d'or ou d'argent en circulation; toutes les transactions se font au moyen de ces papiers.

Les habitants européens et brésiliens sont accoutumés à cette monnaie, qu'ils trouvent très-commode; pour ma part, j'avoue que je ne pus jamais m'y habituer pendant tout le temps que je restai à Rio.

Pour ceux qui restent dans le pays, cela n'a aucun inconvénient, mais pour un voyageur c'est autre chose; le nickel et les billets n'ont de cours qu'à Rio, de sorte que, quand on quitte le Brésil, on est obligé de changer ces billets pour de l'or, en général en livres anglaises, qui ont cours partout, tandis que souvent l'or français baisse beaucoup, en sorte qu'on perd au moins un quart sur les billets, ce qui est ruineux; d'autant plus qu'à Montevideo, à Buenos-Ayres et partout, c'est la même chose; avec ce trafic, l'argent du voyageur fond littéralement dans la main, sans qu'il sache comment.

Où est le temps où l'on ne voyait que des onces d'or et des piastres d'argent; aujourd'hui la plupart de ces pays sont ruinés à plate-couture et ne se relèveront jamais.

Cela tient à des causes multiples, qu'il serait trop long d'expliquer; en première ligne, il faut compter les mauvais gouvernements, les révolutions stupides et le vol, élevé à la hauteur d'une institution.

On m'a raconté une histoire typique; je ne la garantis pas vraie, mais elle peut être vraie, car elle est bien dans les mœurs portugaises; attention, je ne dis pas brésiliennes, Dieu m'en garde!

Voici la chose en deux mots.

Une princesse, une très-grande dame, comme dit Buridan, était sur le point de se rendre en France auprès de sa famille; comme elle désirait faire monter ses diamants d'une façon plus nouvelle à Paris, elle fit appeler un bijoutier, je ne dis pas lequel. Le joaillier arriva; la princesse lui confia tous ses diamants, en lui donnant l'ordre d'enlever toutes les montures.

Le bijoutier emporta les diamants et les rapporta la veille du départ de la princesse; la princesse les fit emballer sans même les regarder, elle avait affaire à un homme de confiance.

En arrivant à Paris, la princesse montra ses diamants. Tableau! les diamants étaient du stras!

D'autres ajoutent que le bijoutier ne fut pour rien dans l'affaire, que ce fut un chambellan qu'on avait chargé de porter les diamants au joaillier qui fit le coup. On ajoute qu'on lui fit rendre gorge.

L'anecdote est piquante.

Si no e vero e ben trovato!

A six heures et demie nous quittâmes la confiteria pour aller dîner.

— Comment vous trouvez-vous? me demanda le docteur Brissay.

— Ma foi! répondis-je en riant, je me sens très-bien! je crois que je pourrai manger.

Et c'était vrai; je ne me sentais plus le moindre malaise.

XII

Suite du chapitre précédent.

Le restaurant des *Frères Provençaux*, tenu par M. Moreau, ex-zouave, est sans contredit le premier restaurant de Rio, les autres ne comptent pas.

Il est situé rue d'*Ouvidor*, c'est-à-dire dans le quartier à la mode, et de plus il a la vogue; on entre par une petite rue, on monte un véritable escalier très-commode et après avoir traversé un corridor où se trouvent les cabinets particuliers, on entre dans une grande salle richement ornée de très-belles glaces, encombrée de tables et éclairée au gaz.

On se croirait à Paris, chez Peters ou chez Breban ; le service est fort bien entendu ; l'ex-zouave est un bon vivant, rieur et doué d'une faconde endiablée, qu'il a probablement conservée du temps où il était zouave.

Il ne donne pas ses coquilles, tant s'en faut : ses prix sont très-élevés ; quant à la chère, elle laisse souvent à désirer, à moins d'être connu et dans les bonnes grâces du maître de la maison.

J'ignore à la suite de quels événements l'ancien soldat du 3e zouaves est venu s'échouer à Rio ; ce qui est certain, c'est qu'il est très-riche ; il a fait construire dans la *Tijuca* une magnifique villa qui lui a coûté quatre cent mille francs, à laquelle il a donné le nom de villa Moreau ; j'en parlerai bientôt.

M. Moreau est marié et a des enfants charmants ; en somme, M. Moreau est un homme d'esprit qui a réussi ; ce qui n'est pas commun, il a su faire sa fortune sans exciter la haine de ses concurrents ; il n'a pas un seul ennemi et il est au contraire très-considéré par tout le monde ; c'est une nature sympathique qui désarme les mauvais vouloirs par un mot spirituel et fait le bien sans ostentation.

Nous avons fort bien mangé à la française, car on fait les deux cuisines, la française et la brésilienne.

Le vin que nous apporta M. Moreau lui-même était excellent ; je crois que le digne restaurateur avait un faible pour les deux docteurs et il les traitait en conséquence.

Après, ainsi que cela avait été convenu, nous nous rendîmes à l'Alcazar.

On jouait *Barbe Bleue,* mais cette opérette avait été arrangée au goût des Brésiliens ; je ne sais pourquoi, les artistes s'étaient permis de déguiser si malheureusement cette œuvre si charmante qu'ils en avaient fait une bouffonnerie de mauvais goût et surtout graveleuse. L'Alcazar, ce jour-là, était littéralement un lupanar ; il y avait surtout une actrice dont les gestes avaient un arrière-goût de mauvais lieu qui me dégoûtait. Les spectateurs se tordaient de joie, je sortis écœuré et je me promis de ne plus y revenir ; toutes ces polissonneries me faisaient mal. Je souffrais pour les artistes ; il paraît que leur succès est là ; je les plains, mais je ne revins pas à l'Alcazar.

Il était onze heures du soir quand je sortis du théâtre ; je dis théâtre par politesse, il méritait un autre nom.

Nous allâmes prendre de la bière chez Deroche.

La confiteria était presque vide, deux ou trois consommateurs buvaient de la bière en fumant.

Au nombre de ces consommateurs mélancoliques, il se trouva que ces messieurs reconnurent une connaissance : on me présenta.

C'était le consul général de Suisse, un charmant esprit avec lequel je me liai tout de suite.

Comme nous, il avait été à l'Alcazar; mais, comme nous encore, il était sorti écœuré; seulement, il était sorti un quart d'heure avant nous.

Je me trouvais, sans le savoir, en connaissance avec M. le consul de Suisse, par M. Lauba, le directeur des Chargeurs réunis, dont il était l'ami intime et qui lui avait beaucoup parlé de moi, et dans les meilleurs termes.

La nuit, dans ces contrées, est le plus agréable temps de la journée, aussi Rio est-il le pays des noctambules; bien des gens se promènent pendant toute la nuit et ne rentrent chez eux pour dormir que lorsque le soleil se lève à l'horizon.

J'ai déjà dit que Rio est la ville la plus calme et la plus sûre du monde entier; j'insiste, parce que ce fait doit être noté.

La police est admirablement faite pour la sûreté des citoyens, sans qu'elle paraisse jamais, à moins de cas graves.

Personne n'est armé; si j'avais un revolver, c'était en souvenir de Paris, de New-York et de

Londres, les trois villes où il se commet le plus d'assassinats pendant la nuit.

Ces messieurs voulurent m'accompagner jusque chez moi.

Nous fîmes une admirable promenade, l'aspect de Rio pendant la nuit a quelque chose de féerique.

Je n'arrivai qu'à trois heures du matin chez moi, nous avions pris le plus long. Nous rencontrâmes plusieurs promeneurs qui, comme nous, flânaient le cigare ou la cigarette aux dents.

Je dormis fort bien; je me levai tard. Je ne me ressentais plus de mon indisposition, j'étais guéri, grâce au docteur Brissay.

Je sortis après déjeuner pour faire des visites. Je vis M. Deleau, le rédacteur en chef du *Courrier du Brésil,* avec qui je m'étais lié intimement.

Je causai assez longtemps avec lui et sa charmante femme, qui, entre parenthèse, était enceinte et était ronde comme une petite boule, ce qui ne l'empêchait pas de rire et de plaisanter en véritable Parisienne qu'elle était.

Je me rendis chez le docteur Ossian Bonnet, fils du membre de l'Institut; il avait mis sa carte chez moi en mon absence. Le docteur Bonnet arrivait de la Plata; il avait amené des pampas un chien magnifique, qui était gros comme un lion et en avait la couleur. Le docteur ne s'était pas plu à Buenos-Ayres, ce qui ne me surprit pas, les Buenos-Ayriens ne sont pas aimables, tant s'en faut; le docteur désirait s'établir à Rio. Je ne sais s'il a donné suite à ce désir.

De là je suis allé chez M. Taunay, qui m'avait apporté lui-même son livre de la *Retraite de Lagune*, dont j'ai parlé plus haut.

M. Taunay était sorti; je laissai ma carte et je rentrai chez moi.

Le soir, MM. Desprès, le sculpteur, et James, le peintre, tous deux Français et hommes de talent et d'esprit, vinrent me voir; ils m'ont tenu compagnie jusqu'à onze heures du soir; ils m'ont fait passer une très-agréable soirée.

Ces messieurs, s'ils le voulaient, le premier comme sculpteur, le second comme peintre de marine, auraient une grande réputation à Paris, car c'est là qu'est leur place; mais ils aiment Rio, qu'ils habitent depuis longtemps; ils vont de temps en temps passer quelques mois en France, mais bientôt la nostalgie du Brésil les prend et ils se hâtent de revenir à Rio.

Ma foi! pour tout dire, je trouve qu'ils ont raison, puisqu'ils sont heureux.

Plusieurs de mes connaissances m'avaient engagé à faire quelques conférences, cela ne me plaisait que médiocrement; cependant, j'avais eu l'occasion de faire à Paris deux ou trois conférences qui avaient obtenu assez de succès. Je me laissai aller à en donner une.

Je me rendis à San Cristoval, et je priai l'Empereur de m'accorder une salle pour cette conférence; l'Empereur m'accueillit avec sa grâce habituelle et m'adressa à un sénateur, à qui il donnerait les ordres nécessaires pour que je fusse satisfait.

Cependant, tout en causant avec Sa Majesté, il me sembla que quelque chose la gênait vis-à-vis de moi et qu'elle attendait que je lui dise une chose dont je n'avais aucune idée.

Je retournai à Rio : l'explication que je me creusais la tête à chercher me fut presque aussitôt révélée.

Pendant mon absence, on avait apporté une lettre à mon adresse.

Cette lettre était d'un riche négociant brésilien, qui m'engageait à aller chez lui, rua do Quitanda, 117, toucher une somme d'argent déposée pour moi depuis plusieurs jours.

J'avoue que je fus fort intrigué, je crus d'abord que cette lettre était une mauvaise plaisanterie.

En effet, je ne connaissais que très-peu de monde à Rio, je ne faisais pas d'affaires d'aucune sorte;

je ne devais rien à personne, grâce à Dieu, et personne ne me devait rien naturellement.

Quel était donc ce mystère? comme on dit dans les drames de mon confrère Dennery.

En désespoir de cause, je m'adressai à M. Lieden; quant à moi j'avais depuis longtamps jeté ma langue à tous les chiens.

M. Lieden réfléchit pendant quelques minutes, puis il me dit :

— Cher monsieur, le signataire de cette lettre est une garantie que la chose est sérieuse. Le négociant qui vous écrit est l'homme le plus sérieux de Rio, on ne l'a jamais vu rire; c'est un commerçant de la vieille roche, qui ne connaît que ses chiffres; il est très-riche et d'une honnêteté proverbiale.

— Alors? demandais-je.

— Moi, j'irais chez lui sa lettre à la main.

— Et vous croyez?

— Que vous toucherez une somme quelconque.

— Dame!

— J'en suis convaincu.

— Mais d'où peut venir cette somme, si somme il y a?

— Qui sait?

— Comment, qui sait?

— Vous avez fait un cadeau à l'Empereur?

— Oui, un phonographe.

— Eh bien, c'est l'Empereur qui vous fait remettre cette somme, quelle qu'elle soit.

— Plaisantez-vous? est-ce que je suis un marchand, moi? L'Empereur a paru satisfait de ce cadeau, cela me suffit, je ne veux pas d'autre remerciement. Si votre supposition est juste, je refuserai la somme, quelle qu'elle soit; ce serait presque me faire un affront que je ressentirais profondément; les journaux n'ont déjà que trop parlé à tort et à travers de cette affaire, sans qu'il m'eût été possible d'obtenir qu'ils se tussent. Je vous le répète : je ne toucherai pas à cet argent, il me brûlerait les doigts. Mon parti est pris!

M. Lieden hocha la tête à plusieurs reprises.

— Bon! lui dis-je en riant, qu'est-ce qui vous chagrine encore?

— Je suis peiné de vous voir vous obstiner à ne pas accepter cet argent.

— Pardieu! je tiendrai ferme, quoi qu'il arrive.

— Voyons, voulez-vous répondre à une seule question?

— A toutes celles qu'il vous plaira de me faire, mon ami.

— Nous ne sommes pas en France, ici.

— Non, nous sommes au Brésil; je le sais, on me le dit à tout bout de champ.

— Vous admettez alors que les mœurs et les coutumes ne sont pas les mêmes dans ce pays que dans le nôtre?

— Parfaitement; mais je vous avoue que je ne vois pas à quoi vous voulez en venir.

— A ceci, cher monsieur...

En ce moment, un Français de mes amis vint me faire visite.

— Je ne vous gêne pas? dit-il en nous serrant la main à M. Lieden et à moi.

— Nullement, dis-je.

— Je disais qu'au Brésil on faisait généralement des cadeaux d'argent, reprit M. Lieden ; entendons-nous, dans les hautes sphères.

— Qu'appelez-vous les hautes sphères?

— L'Empereur, les princes, la noblesse, etc.

— Très-bien.

— Mais, par délicatesse, on ne donne pas ce cadeau de la main à la main, afin de ne pas humilier celui auquel on fait ledit cadeau : on le fait toucher chez un banquier.

— Ou un négociant notable, dit le nouvel arrivé.

— Hum! cela me semble assez singulier.

— Pourquoi cela? n'avez-vous pas ainsi touché certaines sommes?

— Oui, au ministère de l'instruction publique.

— Très-bien.

— Comment, très-bien? les sommes que m'allouait le ministère, je les touchais directement au Trésor, mais jamais chez un banquier ni un négociant.

Ces messieurs se mirent à rire.

— Ah ! dit le nouvel arrivé, je comprends cette distinction... A la bonne heure ! (A ce mot on doit avoir reconnu M. Sohier.) Je vais, en deux mots, vous mettre au courant de cette habitude.

— Vous me ferez plaisir.

— Si nous buvions un bock, il fait bien chaud.

On apporta de la bière et nous prîmes place à une table du jardin.

— Ouf ! j'avais besoin de cela, dit M. Sohier en riant, j'avais la gorge en feu ; maintenant je suis à vos ordres.

— Allez, je vous écoute.

— C'est assez délicat à dire ; du reste, c'est un trait de mœurs assez original.

— Bon, allez.

— Ainsi, supposez que l'Empereur désire vous faire un cadeau.

— D'argent ?

— Oui, que fait-il ?

— Dame ! il donne l'ordre à un ministre ou à un chambellan....

— Ta ta ta ! vous n'y êtes pas, cher ami ; l'Empereur, je dis l'Empereur parce qu'il est le souverain du Brésil...

— Parfait! Que fait-il donc, selon vous?

— Il écrit à un négociant, souvent même, pour être bien assuré que son ordre est fidèlement exécuté, l'Empereur dépose la somme lui-même.

— Vous conviendrez avec moi que cette façon d'agir est au moins bizarre.

— Non pas, c'est tout simple, au contraire, et surtout logique.

— Bah!

— MM. les chambellans en général, quand on leur confie une somme quelconque, quand ils arrivent à destination, la somme est diminuée d'un tiers, de la moitié, souvent même le destinataire n'en entend jamais parler.

— Pardieu! c'est égal, vous direz ce que vous voudrez, cela est triste.

— C'est vrai! M. Moreau le restaurateur, qui a été zouave, prétend que les chambellans ont la bosse du *chapardage* et qu'ils dament le pion aux zouaves. Voilà pourquoi l'Empereur, le premier, se garde bien d'avoir la moindre confiance dans ces joyeux farceurs.

La conversation fit un crochet et on parla d'autre chose.

M. Sohier dîna avec moi et nous passâmes la

soirée avec plusieurs personnes qui vinrent nous tenir compagnie.

Au moment de me retirer, M. Lieden me dit :

— Croyez-moi, allez demain toucher l'argent déposé pour vous et surtout ne vous obstinez pas dans votre détermination ; vous auriez d'autant plus tort que vous blesseriez l'Empereur mortellement, l'Empereur qui vous a reçu si gracieusement et vous a si bien accueilli jusqu'à présent.

— J'y songerai cette nuit; d'ailleurs je ne voudrais pas déplaire à Sa Majesté, qui, ainsi que vous me l'avez si bien dit, a toujours été si gracieuse pour moi chaque fois que j'ai eu l'honneur de la voir.

— Eh bien? me demanda M. Lieden, quand je descendis pour déjeuner.

— Vous avez raison, lui répondis-je après avoir salué les dames, je me range entièrement à votre opinion.

— Ainsi vous irez rua Quitanda?

— Aussitôt après le déjeuner, d'autant plus que nous sommes au samedi et que je me propose de me rendre à San Cristoval lundi prochain, ainsi que l'Empereur m'a fait l'honneur de m'y inviter une fois pour toutes.

— Bravo ! me dit M. Lieden en me serrant la main.

Ma résolution était prise, elle ne devait plus changer; je déjeunai de bon appétit, puis, le déjeuner terminé, je me mis bravement en route, malgré une chaleur torride.

La rua Quitanda est très-longue et très-étroite, toujours encombrée de camions de toutes sortes; très-sale et mal odorante. C'est le centre du commerce de Rio pour les cuirs, le *charqué,* les poissons secs, etc., etc.; il s'y fait des transactions énormes sur toutes les marchandises qui y affluent de toutes les parties du monde.

Je m'arrêtai au numéro 117.

J'entrai dans un magasin, d'une profondeur de plus de soixante mètres, très-sombre et encombré de marchandises de toutes sortes, tellement encombré qu'on ne savait où poser le pied.

Un monsieur d'une quarantaine d'années, d'un aspect assez froid, mais cependant assez sympathique, s'avança à ma rencontre, me dirigea dans ce dédale; puis, après m'avoir offert une chaise, il me demanda très-poliment ce qui lui procurait l'honneur de ma visite.

Je lui présentai la lettre que j'avais reçue; ce monsieur jeta un coup d'œil rapide sur la lettre, puis il me dit :

— Je vous attendais, monsieur; je n'ai appris votre adresse qu'hier matin et une heure après un de mes employés se présentait chez vous, sans avoir l'honneur de vous rencontrer.

—Effectivement, monsieur; j'étais absent quand on se présenta chez moi; je ne suis rentré qu'assez tard, mais il n'y a rien de perdu puisque me voici.

— C'est juste.

— Je désirerais savoir à quel fortuné hasard je dois l'honneur de faire votre connaissance, monsieur?

— Tout l'honneur est pour moi, certainement, monsieur.

Il me salua et je lui rendis son salut.

Les Brésiliens sont d'une politesse exquise et quintessenciée.

— Monsieur, reprit-il, je suis chargé par S. M. l'Empereur de vous remettre une somme d'un *million*.

— Hein! m'écriai-je en sautant sur ma chaise.

Le négociant sourit.

— Pardon, monsieur, je m'explique mal:

— A la bonne heure! repris-je en pensant à M. Sohier.

— J'ai voulu dire un compte de reis: cela fait toujours un million, mais un million de reis, et non de francs.

— Je l'espère, fis-je avec un soupir de soulagement.

— Comment, vous l'espérez, monsieur?

— Certes, monsieur, un conto de reis vaut 2.500 fr., monnaie de France, je crois?

— Oui, monsieur, mais je ne vois pas...

— Pardon, monsieur; une reconnaissance de 2.500 fr. est déjà très-lourde à porter pour moi, surtout après toutes les gracieusetés dont Sa Majesté a daigné me combler; que serait-ce donc qu'une reconnaissance d'un million? j'aurais succombé sous le faix et j'en serais mort d'apoplexie foudroyante.

Malgré son imperturbable sérieux, ma physionomie était probablement si comique que le négociant ne put y résister et éclata de rire.

Lequel éclat de rire sembla si extraordinaire aux employés de la maison qu'ils semblaient très-inquiets et échangeaient entre eux des gestes et des clins d'œil; il était évident que ces braves gens croyaient que leur patron était devenu subitement fou.

— Allons, me dit-il quand il réussit à reprendre son sérieux, ce qui fut assez long, on ne m'avait pas trompé.

— Bon! dis-je avec étonnement, vous savez que je ne comprends pas.

— Figurez-vous, monsieur, me dit-il, que je ne savais à qui m'adresser.

— Vous m'avez fait l'honneur de me le dire.

— Oui, je savais, je ne sais comment, que vous étiez arrivé par *la Portegna,* des Chargeurs réunis.

— Ah! je comprends, vous avez demandé mon adresse à M. Leuba?

— Juste! Il se hâta de me donner le renseignement que je lui demandais, et il ajouta que vous êtes un bon vivant, très-rieur et avec lequel on ne s'ennuie jamais; maintenant, je vois que M. Leuba ne m'a pas trompé.

Je causai encore pendant quelques minutes avec cet aimable négociant; je lui signai un reçu et il me remit une liasse de billets de banque que je fourrai dans ma poche; je pris congé de lui et je me retirai en échangeant la poignée de main habituelle.

Quand je racontai cela à M. Lieden, il crut d'abord que je lui faisais un conte bleu; la réputation de sérieux de marbre de l'honnête négociant de la rue Quitanda est tellement bien établie que M. Lieden n'en revenait pas et raconta l'histoire à toutes ses connaissances.

Le dimanche je restai seul à la maison, toute la famille Lieden passa la journée dehors. J'ai dîné seul, servi par Eva, une négresse esclave, très-bonne fille et très-dévouée à la famille Lieden; c'est un type singulier et fort original à étudier. Le soir, MM. Desprès et James sont venus passer la soirée avec moi, je n'ai pas besoin d'ajouter que le temps ne m'a pas semblé long.

A onze heures ils se sont retirés et je suis remonté dans ma chambre pour travailler et mettre mes notes au courant.

XIII

Quelques monuments.

Lorsque j'arrivai à San Cristoval, l'Empereur vint au-devant de moi; avec sa bonne grâce habituelle, il s'informa de ce que j'avais fait depuis que j'avais eu l'honneur de le voir et me demanda si j'étais toujours satisfait de mon séjour à Rio.

Je saisis cette occasion d'adresser à l'Empereur mes sincères remerciements; les souverains, même les meilleurs, ont la fibre très-sensible; et j'ajoutai, ce que je fis comprendre à l'Empereur à demi-mots, que le plaisir de lui avoir été agréable me satisfaisait beaucoup plus que tout ce qu'il avait jugé devoir me donner, et j'ajoutai, ce qui était vrai, que je conserverais toujours un souvenir inaltérable des bontés qu'il avait eues pour moi pendant tout le temps que j'avais passé au Brésil.

L'Empereur sourit et tout fut dit; cependant j'avoue que dans mon for intérieur j'étais froissé, il m'avait en effet traité en marchand, et aujourd'hui encore, après deux ans, je souffre toujours de cette blessure faite à mon amour-propre.

Après une conversation de quelques instants, je priai l'Empereur de me fixer le jour qu'il lui plairait d'assister à ma conférence.

L'Empereur me désigna le jour et l'heure, puis, après quelques derniers mots, je pris congé du souverain du Brésil. Je remontai dans ma calèche et je retournai à Rio.

La prison était sur mon chemin: je profitai de l'occasion, je fis arrêter la voiture, j'entrai. Je demandai le directeur de la Correction, c'est ainsi qu'on nomme les prisons au Brésil. Je priai un employé de la maison de faire passer ma carte au directeur.

Cinq minutes après, je vis un monsieur d'une quarantaine d'années, d'une taille au-dessus de la moyenne, aux traits intelligents et énergiques, qui m'aborda de la façon la plus polie et se mit aussitôt à ma disposition pour tout ce qui pourrait m'être agréable.

Je le pris au mot et je visitai la Correction du haut en bas.

Cette prison est fort vaste, disposée comme une villa; il y a de l'herbe, des arbres et des fleurs de tous les côtés; rien d'agréable et de gracieux comme cette prison, qui est habitée par les plus féroces bandits du Brésil; la morgue elle-même, où l'on dépose provisoirement les prisonniers qui meurent, est construite au milieu d'un massif d'arbres qui l'abritent.

Le système adopté au Brésil est le système cellulaire mitigé, semi-américain, semi-français.

Les dispositions intérieures de la Correction sont admirablement établies, les cellules sont larges, aérées, installées à l'intérieur comme les cellules de Mazas et de la Santé, à Paris.

Toutes les cellules sont reliées au cabinet du directeur de la Correction par un fil électrique et un conduit acoustique.

Le travail se fait en commun dans d'immenses ateliers bien clairs et d'une propreté rare.

Le silence est obligatoire.

Les principaux ateliers sont : les tailleurs, les brocheurs, les relieurs, les mosaïstes, etc., etc.

La nourriture est bonne et suffisante.

Tout ce qui sort des ateliers de la Correction est très-apprécié,

Il se fait à la Correction des mosaïques véritablement admirables et d'une grandeur énorme.

Lors de ma visite, il y avait un Allemand, âgé de vingt-deux ans au plus, qui faisait des dessins fort beaux et des croquis en quelques coups de crayon, et très-réussis.

Je ne sais quel méfait il avait commis ; il était, me dit le directeur, d'une fort grande famille allemande; le consul général devait le renvoyer dans son pays à la première occasion qui se présenterait; en attendant, il restait en prison; je causai avec lui, il parlait très-bien le français ; il paraissait prendre son mal en patience.

Le directeur m'offrit un charmant agenda, fort bien relié et doré sur les tranches et la couverture.

Je croyais avoir tout vu, quand le directeur me dit :

— Venez par ici, monsieur. Je vais vous faire voir les détenus les plus dangereux : la plupart sont des assassins qui ont commis plusieurs meurtres accomplis dans des conditions atroces; des incendiaires, enfin les scélérats les plus incorrigibles.

— Allons, dis-je.

Le directeur ouvrit une porte fermée à triple tour, il passa le premier, je le suivis.

L'endroit où je me trouvais était en partie un hangar et le reste en plein air.

Il y avait là une centaine de drôles à physionomies patibulaires, sur lesquelles était clairement écrit le mot scélérat.

Ces hommes travaillaient à couper des pierres et des quartiers de roches; ils travaillaient silencieusement, sous la direction de deux gardiens, qui ne portaient aucune espèce d'arme ostensible.

Quand un prisonnier commet une faute contre le règlement de la prison, on le prive de travail; il reste seul et sans voir personne pendant huit et quelquefois pendant quinze jours.

Le directeur m'assura que cette punition suffit pour les dompter.

Je le crois facilement, cet isolement doit être atroce, surtout pour des bandits de cette espèce.

Le directeure la prison entend très-bien son affaire, l'Empereur a toute confiance en lui.

Après la visite de la prison, le directeur me conduisit dans son appartement, où il me fit signer sur un registre *ad hoc*.

Il m'offrit gracieusement des rafraîchissements, puis je pris congé de lui et je partis.

Le lendemain je fus à *Botafoco*. Le village est laid, l'architecture des maisons est en général dans le genre chinois, c'est-à-dire absurde; mais la vue de la baie est splendide : je comprends l'engouement des habitants de Rio pour ce village; les soirées sont très-belles et on respire l'air de la mer; rien que cela suffirait pour faire aimer Botafoco.

J'ai visité la maison des fous; là, comme partout, je n'ai eu qu'à me louer de l'accueil qui m'a été fait.

Le bâtiment est très-beau, très-vaste et admirablement agencé.

Sous le vestibule, les statues en pied du docteur Pinel et du docteur Esquiros, les deux médecins qui ont rendu tant de services aux aliénés; grâce au traitement que le docteur Pinel a inauguré et que le docteur Esquiros, après lui, a complété, des milliers d'infortunés ont été rendus guéris à leurs familles.

Les cures sont faites d'après le système de ces deux médecins; les cellules sont très-confortables; presque tous les fous sont libres. Il y a le quartier des hommes et celui des femmes.

Il y a des ateliers où ils travaillent et font de véritables belles choses et surtout très-délicates.

J'ai assisté au dîner des femmes et ensuite à celui des hommes; les réfectoires sont fort vastes; quand on sonne la cloche, les fous cessent de travailler, se dirigent vers les réfectoires et vont s'asseoir à leur place, sans jamais se tromper.

Ils mangent silencieusement.

Ils sont surveillés par des religieuses.

J'ai causé pendant vingt minutes avec un fou furieux très-dangereux qui parlait fort bien et paraissait avoir beaucoup de savoir.

Je vis aussi un prêtre français, fou à lier, qui porte je ne sais combien de chapelets les uns sur les autres; celui-ci est sombre, il ne parle qu'avec difficulté; il a le regard égaré; c'est le fanatisme, dit-on, qui l'a rendu fou.

J'ai parlé des religieuses : ces religieuses sont Françaises; elles sont détestées à cause de leur esprit étroit, leur caractère autoritaire et leur fanatisme absurde.

Ce sont des religieuses de Saint-Vincent-de-Paul.

On prétend que les cures iraient beaucoup mieux et les choses marcheraient mieux aussi si ces femmes ne s'ingéraient sans rime ni raison dans tout ce que veulent faire les médecins.

Je ne suis qu'un écho : dans une visite de deux heures au plus, je n'ai pu voir que bien peu de choses de l'administration intérieure de l'hôpital.

Il est cependant une chose que j'ai remarquée et qui m'a dégoûté, je l'avoue franchement.

J'ai dit que les fous qui peuvent travailler font

une foule de choses plus gracieuses et plus fines les unes que les autres; bref, ce sont, tranchons le mot, des chefs-d'œuvre pour la plupart.

Les religieuses les vendent à leur bénéfice, sans remords, au lieu d'en remettre le prix aux parents des malheureux fous. Non-seulement les religieuses vendent ces travaux aux marchands de Rio, mais ces dignes sœurs n'ont pas honte d'en faire dans l'hôpital même une exposition permanente, où elles les offrent aux visiteurs à des prix exorbitants; c'est tout simplement odieux. Il est certain, pour moi, que le gouvernement ignore tout cela, sans cela il interdirait ce trafic.

En sortant de l'hôpital j'examinai de nouveau les deux statues, qui sont réellement fort belles; mais, au moment de partir, je m'aperçus que le nom du docteur Pinel était écrit ainsi sur le socle de la statue : Pinel*l*, ce qui était une faute au nom du savant et me choqua. A ma première visite, dès que j'eus l'honneur de voir l'Empereur, je lui demandai si Sa Majesté n'avait jamais remarqué cette erreur; le lendemain l'*l* avait disparu.

En quittant l'hôpital des fous, je me rendis à l'hospice des sourds-muets; c'était sur ma route, *à Botafoco* même, je n'avais que quelques pas à faire.

Cet établissement, si utile, est fort bien tenu.

On suit la méthode allemande de frapper d'abord le sourd-muet par la vue de la chose dont on veut lui faire apprendre le nom.

Ce système n'a pour moi qu'un défaut, celui de ne pouvoir, quoi qu'on fasse, embrasser qu'un nombre très-restreint d'objets matériels que les élèves apprendront à connaître; mais la plus grande partie restera lettre morte pour eux.

Il y a très-peu d'élèves dans cet hospice; malgré les efforts du gouvernement, les Brésiliens ont peur de mettre leurs enfants sourds et muets à cette école, cependant si utile. Malheureusement, ces gens-là sont prévenus et abrutis par les sottes idées que les prêtres et les moines leur mettent dans la cervelle.

Tout cela est regrettable, d'autant plus que le directeur de cette école est un homme très-instruit et surtout un véritable philanthrope, dévoué à la réussite de la mission ardue qu'il a acceptée.

J'ai fait ma première conférence dans une salle de l'école communale.

J'ignorais qu'à Rio les conférences se font gratis; je n'avais pas songé à cela, j'avais suivi les habitudes parisiennes.

Du reste, j'étais en guignon; d'abord j'étais fort malade depuis deux jours; de plus, dans le même local, il y avait, en même temps que la mienne, une autre conférence, gratuite celle-là.

Le monde arrivait lentement, cependant les banquettes se garnirent peu à peu. L'Empereur, l'Impératrice et leur suite arrivèrent à six heures juste.

L'Empereur est l'homme le plus exact de son empire, ce qui, à mon avis, est une grande qualité chez un souverain.

La présence de l'Empereur empêchait les bravos; c'était froid, mieux que cela, glacial.

A un certain moment je me trouvai si mal que je ne pus continuer ma conférence, je l'écourtai et tout fut dit.

Quelques jours plus tard, M. Deleau, mon excellent ami, que j'avais prié de s'occuper du détail de la conférence, me remit quelques centaines de francs qui me revenaient après avoir payé tous les frais.

Je remerciai M. Deleau, mais je me promis de ne plus faire de conférence à Rio.

Je raconte ce qui m'est arrivé au fur et à mesure que je feuillette les pages de mon journal, écrit chaque jour; donc je n'ai pas fait de plan, comme cela arrive pour un roman; mais, pour un voyage, je crois qu'il vaut mieux être exact et ne raconter les faits que dans l'ordre où ils ont surgi à l'improviste.

Je suis allé faire une excursion véritablement fantaisiste et surtout fantastique à la *Tijuca.*

Nous étions une douzaine : un médecin, le docteur Courty; deux journalistes, MM. Victor, de la *Gazetta de Noticias,* et Deleau, du *Courrier du Brésil;* Humbert, moi et cinq jeunes Brésiliens fort aimables et d'excellentes manières, comme, du reste, sont généralement les Brésiliens, et un autre Français très-bon vivant, mais dont le nom m'échappe.

Cette partie a été complète et m'a beaucoup intéressé.

La Tijuca est une montagne fort élevée qui, pour les habitants de Rio, remplace le bois de Boulogne de Paris avec avantage.

Nous prîmes un tramway qui nous conduisit presque au pied de la montagne.

Des calèches attelées de quatre mules nous attendaient; on s'installa donc dans les voitures et on partit au grand galop.

Ces mules sont endiablées; elles vont comme le vent sur les pentes, cependant très-raides, de la montagne.

La route qui monte jusqu'au sommet de la Tijuca est fort large, très-bien entretenue et garnie de becs de gaz à droite et à gauche.

Cette promenade délicieuse, surtout le soir, ne conduit réellement nulle part.

De temps en temps on rencontre de petits villages, parfois on aperçoit une villa presque enfouie sous des arbres géants ; tout cela est d'un pittoresque charmant et d'autant plus intéressant qu'à droite et à gauche la forêt est véritablement sauvage ; on s'est bien gardé de la peigner et de la cirer, comme nous faisons en France.

La forêt a reculé de quelques pas, voilà tout, pour laisser passer les promeneurs.

A un certain endroit les voitures s'arrêtèrent subitement.

— Regardez, me dit M. Deleau.

Je me retournai.

Devant moi s'étendait la baie de Rio.

Cette vue est véritablement féerique, je n'ai jamais rencontré un aussi admirable point de vue.

Les voitures repartirent, toujours au galop.

Après une vingtaine de minutes, elles s'arrêtèrent de nouveau.

— Descendez, dit le docteur Courty.

— Bon ! pourquoi ? demandai-je ; je suis très-bien dans la voiture.

— Oui ; mais il nous faut faire le reste du trajet à pied.

— Diable ! m'écriai-je ; pourquoi donc ?

— Parce que, mon cher maître, me dit-il, le chemin que nous devons suivre est trop étroit pour les voitures.

— Bigre, si j'avais su cela....

— Vous ne seriez pas venu?

— Parfaitement.

— Nous nous en doutions, aussi nous n'avons rien voulu vous dire.

— Merci; c'est un guet-apens.

— Complet, il faut en prendre votre parti.

— Hélas! si je savais où nous allons, seulement!

— Qu'à cela ne tienne, cher ami, dit Victor, nous allons déjeuner.

— Il fallait donc le dire tout de suite.

Et je sautai à bas de la voiture, dans laquelle j'étais resté jusqu'à ce moment.

On se mit en route par un petit chemin, véritable *sente* de sauvage, qui faisait des tours et des détours à n'en plus finir.

Tout à coup Victor jeta un cri, j'aperçus un magnifique serpent, long d'environ deux mètres et d'une race complètement inoffensive.

Le bel ophidien traversait gracieusement le sentier.

J'avais beau crier à Victor : Laissez-le, ne lui faites pas de mal, il est inoffensif, c'était comme si je chantais; Victor — ou il ne m'entendait pas, ou il ne voulait pas m'écouter— s'obstinait à vouloir tuer la pauvre bête, ce à quoi, du reste, il réussit; il vint nous présenter sa chasse.

Mais j'ouvris mon portefeuille, et, présentant ma carte de membre de la Société protectrice des animaux, je déclarai procès-verbal à Victor pour avoir tué un animal inoffensif et je le condamnai à payer trois bouteilles de champagne.

Victor voulût protester, mais tout le monde cria haro contre lui et il fut contraint de se soumettre.

— C'est égal, murmura-t-il, c'est dur, pour un serpent vert.

— Il aurait été blanc que c'eût été la même chose, répondis-je sévèrement.

On éclata de rire. Nous pouffions encore lorsque le docteur Courty s'écria :

— Nous voici arrivés.

C'était vrai, nous étions arrivés à la villa Moreau.

M. Moreau venait à notre rencontre.

La villa Moreau est une demeure véritablement princière; le déjeuner était prêt, nous nous mîmes à table; la cuisine de la villa ne ressemblait en rien à la cuisine de la rue d'Ouvidor: les mets étaient recherchés et exquis, les vins surtout étaient excellents.

Le déjeuner fut très-gai, Victor paya galamment l'amende que je lui avais imposée pour l'assassinat du serpent vert.

Après le café, M. Moreau nous fit visiter ses domaines; le mot est juste, les dépendances de la maison sont immenses; les travaux n'étaient pas encore terminés et ne le seront pas définitivement avant trois ans, si ce n'est plus.

Les mules nous attendaient, nous prîmes congé de M. Moreau; nous devions dîner chez Bocage.

Ce Bocage est un parent du grand tragédien; je ne sais pas comment il est venu au Brésil, ce qui est certain c'est qu'il est très-riche; il est restaurateur, comme M. Moreau; il loue des chambres et des appartements aux personnes qui redoutent la fièvre jaune; cette affreuse peste n'arrive jamais dans la Tijuca.

Le dîner qui nous fut servi fut, comme mets et vins, une répétition du déjeuner.

Cette promenade de la Tijuca est étrange, elle ne ressemble à rien de connu qu'on lui puisse comparer; elle se termine par une forêt vierge nommée le *Floresto*, dont on a eu l'idée bizarre et surtout très-pratique — et que, peut-être, on peut tenter seulement au Brésil, — de faire une pépinière d'arbres précieux de toutes sortes, et

13.

cela de la façon la plus simple, c'est-à-dire que, sans toucher aux arbres, on s'est contenté de leur mettre une étiquette.

Ce laisser-aller laisse bien loin notre bois de Boulogne, notre Jardin d'acclimatation, qui, du reste, est bien insignifiant auprès du Jardin zoologique de Botafoco, où toute la faune tropicale se trouve réunie en pleine terre, et qui possède une allée, longue de plus d'une lieue, de palmiers immenses produisant l'effet le plus saisissant.

Parfois, on rencontre, dans le haut de la Tijuca, des *onces* égarées qui, du reste, se sauvent à toutes jambes quand elles aperçoivent un homme.

Les restaurateurs de la Tijuca traitent fort bien leurs consommateurs, mais, quand le quart d'heure de Rabelais arrive, il est dur.

La carte du dîner et du déjeuner, sans compter les voitures, s'éleva à sept cents francs.

C'était bon, mais c'était un peu trop salé, et mes amis furent de mon avis.

Quand on se décida enfin à retourner à Rio, il faisait nuit noire.

Le docteur Courty et M. Humbert préférèrent faire la route à cheval.

On leur amena des chevaux à demi-sauvages, nos amis se mirent en selle; ils ne s'en vantèrent pas, mais le docteur surtout descendit plusieurs fois plus vite qu'il ne l'aurait voulu.

Voitures et mules nous attendaient, elles reprirent leur galop endiablé.

La descente de la Tijuca est très-agréable, on galope entre deux rangées de becs de gaz : c'est splendide.

Les voitures nous arrêtèrent à la tête de ligne des tramways.

Nous avions passé une charmante journée, sans l'ombre d'un nuage.

A onze heures, je rentrais chez moi très-fatigué, mais très-content de ma journée.

XIV

Visite à l'hôpital de la Miséricorde. — Fête de bienfaisance pour construire un hôpital français.

Je suis allé visiter la Miséricorde.

Au Brésil, tous les établissements hospitaliers portent le nom générique de Miséricorde.

Donc la Miséricorde est l'hôpital par excellence de Rio.

Je ne crois pas qu'il existe au monde un établissement plus beau, plus vaste et mieux entendu.

Malgré son immense étendue, cet hôpital n'est pas encore achevé, par la raison toute simple qu'aussitôt qu'une nouvelle annexe est terminée, on en commence une autre; il n'y a pas de raison pour que cela finisse un jour.

Du reste, on ne peut que louer le gouvernement brésilien de cette philanthropie éclairée.

L'hôpital est bâti sur le bord de la mer et admirablement ventilé, trop peut-être, quand la brise prend des allures d'ouragan.

La propreté est minutieuse, poussée à l'excès même, car les parquets et les escaliers sont tellement cirés que l'on risque à chaque pas de se briser un membre ; à la lettre, on patine, au lieu de marcher.

Il y a quarante corridors de deux cents mètres; quand je visitai la Miséricorde, cet hôpital contenait onze cents malades en traitement; il pourrait en contenir le double sans encombrement.

J'ai tenu à tout voir en détail, car cette œuvre me semblait grandiose et véritablement digne d'une grande capitale comme Rio ; et j'ajoute qu'elle est unique au monde.

Aussi ai-je fait trois visites à la Miséricorde et, malgré ces trois visites, je suis certain que plusieurs choses m'ont encore échappé.

La lingerie, la pharmacie, les salles, la chapelle, la cuisine, la clinique, les bains de toutes sortes, la salle du conseil, etc., etc., etc., tout est grandiose et monumental.

Les premiers médecins de Rio tiennent à honneur de donner aux malades les soins les plus habiles et les mieux entendus.

Malheureusement il y a une ombre à ce magnifique tableau:

Les infirmières sont des religieuses françaises de Saint-Vincent-de-Paul.

Ces femmes, à l'esprit étroit, au fanatisme stupide, au caractère autoritaire, sont toutes-puissantes dans l'hôpital et abusent de leur pouvoir pour tyranniser non-seulement les malades sur leurs croyances; mais les employés et jusqu'aux médecins, dont elles ne suivent pas les instructions et brouillent tout comme à plaisir.

Si je répétais seulement la centième partie des histoires qu'on m'a racontées sur leur compte, je n'en finirais pas, histoires plus singulières les unes que les autres.

Et les personnes qui m'ont fourni ces renseignements sont, non pas les premières venues ni mues par un esprit de dénigrement; non; ce sont des médecins, des négociants et même des députés; toutes ces personnes déploraient la conduite de ces filles, qui, comme de parti pris, faisaient le mal.

Déjà, quand j'ai visité l'hôpital des fous, j'ai vu les mêmes absurdités.

Partout où passent ces religieuses, la désorganisation les suit; elles sont détestées à Rio par toutes les classes de la société brésilienne, il y a unanimité.

Je dois avouer que ces saintes femmes m'ont reçu avec une politesse moitié sucre et moitié vinaigre; probablement, elles avaient deviné en moi le libre-penseur; je suis convaincu que, si elles avaient pu me mettre à la porte, elles m'auraient accompagné jusqu'au dehors avec tous les honneurs de la guerre.

Malheureusement, l'ordre de l'Empereur les arrêta tout net; j'eus l'air de ne pas apercevoir leurs grimaces de colère, et je me vengeai de leur manège en les accablant de compliments dont elles comprenaient toute l'ironie, ce qui les rendait furieuses.

— Vous voyez ce que nous savons faire, me dit la directrice.

— Oui, madame, repondis-je en m'inclinant, je voudrais voir toutes les religieuses de Saint-Vincent-de-Paul qui sont à Paris, où elles ne font plus rien, arriver au Brésil pour diriger tous les hôpitaux de l'Empire comme l'est la Miséricorde.

Cette digne directrice comprit-elle? je le crois, car elle devint comme une pomme d'amour.

Quant à moi, je lui tirai ma révérence et je

montai dans le tramway en riant dans ma barbe.

J'ajouterai un dernier trait, que j'avais oublié et qui montre le bon goût de ces dignes dames : il y a appendues au parloir, où la directrice reçoit les visiteurs, plusieurs estampes de l'imagerie d'Épinal, c'est tout dire, avec des légendes *ad hoc;* parmi ces affreuses images, j'en ai remarqué deux; c'est intitulé *la Mort du pécheur* et *la Mort du juste;* vous voyez cela d'ici.

D'un côté, première image, le pécheur se tord comme s'il avait la colique; il y a des diables sous son lit; son bon ange, sous les traits d'une belle dame, cache sa tête dans ses mains; de l'autre côté du lit, le mauvais ange souffle de mauvais conseils au mourant, tout en faisant signe à Satan, qui se tient les côtes de rire en voyant cette âme damnée qu'il va happer avec une fourche démesurée.

Le juste est couché, il a l'air légèrement abruti; peut-être le dessinateur l'a fait exprès, mais passons; la chambre est remplie de moines, de religieuses de Saint-Vincent-de-Paul, naturellement, de prêtres, et le bon ange du mourant jubile, tandis que le mauvais ange se sauve, poursuivi à coups de pieds; le mourant tend les yeux au ciel de son lit, et à travers la muraille la foule des bienheureux qui l'attendent avec impatience font de la musique, sans doute pour accélérer son agonie.

Est-ce que cela n'est pas grotesque? Est-ce que ces pauvres filles ne nuisent pas plus à la religion que si elles s'abstenaient et se contentaient de soulager les malades sans môineries d'aucunes sortes?

J'ai été témoin désintéressé d'une fête très-bizarre, qui fait courir Portugais, Brésiliens et hommes de couleur, métis ou noirs sans mélange.

Cette fête est celle de Notre-Dame-de-la-Peña ou *Freguezia-Iraja*.

C'est une très-grande fête, la plus grande même de toutes celles qui ont lieu au Brésil, et Dieu sait si la quantité en est considérable!

Je constate en passant que cette vierge très-miraculeuse est française.

C'est agréable pour la France, enfin!

Cette fête se célèbre à trois lieues au moins de Rio.

Dans toutes les fêtes religieuses la question d'argent est la principale affaire des prêtres et surtout des moines.

Pendant toute la fête les moines font admirablement leurs affaires; pendant toute la journée l'or et l'argent affluent dans leurs coffres.

Il y a un escalier de trois cent soixante-six

marches, au sommet duquel se trouve une chapelle; puis, un peu plus haut, un couvent et une église.

Les dévots montent l'escalier sur les genoux, et, toujours à genoux, ils font le tour de la chapelle et y suspendent les *ex-voto* dont ils se sont chargés, sans compter les présents qu'ils font au couvent.

Mais ce qui est plus fort, ce que je n'ai jamais vu ailleurs, c'est ceci :

Tous les cadeaux faits par les dévots à la chapelle, au couvent et à l'église *sont, séance tenante, vendus à l'encan* par les prêtres et les moines à ceux-là mêmes qui en ont fait cadeau.

On ne peut pousser plus loin l'oubli du respect humain.

Toutes les fêtes de ce genre dégénèrent bientôt et tournent à l'orgie la plus effrénée.

Le retour des dévots, ivres comme des grives, devient véritablement une descente de la Courtille, comme à l'époque où nous avions encore un carnaval.

Tous ces braves gens reviennent qui à pied, qui à cheval, les plus riches en voiture, en un galop enragé, de plus en plus ivres, sans jamais crier gare; tous sont chamarrés de croix en clinquant, de gâteaux attachés à la forme de leurs chapeaux, etc., etc., et font partir des *cohetes*—pétards — de tous les côtés, sans se soucier où ils tombent.

Ce jour-là, ces dévots, composés pour la grande partie d'ouvriers portugais et de nègres, sont libres de faire tout ce qui leur plaît, sans qu'on les gêne en quoi que ce soit.

Heureusement que ces pauvres diables sont généralement bons et honnêtes, il n'y a donc que demi-mal.

Dans la chapelle où s'accomplit le pèlerinage, suspendu à la voûte, est un énorme lézard. Les Brésiliens et les Portugais aiment beaucoup les lézards, parce que, disent-ils, ils portent bonheur.

Cette croyance n'est pas discutable, pas plus qu'en France l'influence soi-disant heureuse de la corde de pendu ; à cette époque si positive qu'on croie ce que l'on veut, pourvu que cela ne gêne personne.

Ecoutez ceci :

Un jour, il y a bien longtemps, un paysan labourait son champ, quand il se sentit piqué au pied par un gros lézard, — je vous raconte cette histoire comme on me l'a contée, sans chercher plus loin. — Le paysan savait fort bien que les lézards ne sont pas venimeux, aussi n'y fit-il pas attention; le gros lézard piqua de nouveau le paysan au pied, et il le piqua une troisième fois.

Le paysan n'était pas une bête, — c'est la légende qui le dit, pas moi, — il commença à supposer qu'il pouvait bien y avoir dans ces trois piqûres du gros lézard quelque chose qu'il ne savait pas.

Il leva les yeux, alors le gros lézard lui dit d'une voix douce :

— Regarde.

Au même instant le gros lézard disparut, et, à sa place, le paysan ahuri aperçut une femme d'une beauté incomparable, qui lui dit d'une voix plus douce encore que la première fois, quand elle était cachée dans le gros lézard :

— Je suis la Vierge, je suis ici et je suis en France, en Bretagne.

Le paysan n'en demanda pas davantage. Le bonhomme tomba à plat ventre; puis, quand il fut revenu un peu de la secousse qu'il avait reçue si à l'improviste, il alla raconter la chose à un moine qui cria : « Miracle ! »

Une chapelle fut construite à l'endroit même où le gros lézard était apparu au paysan.

Tout ce que je vis dans cela, c'est que la Vierge avait déclaré qu'elle habitait la Bretagne, c'est-à-dire en France, ce qui me fit plaisir.

Voilà la légende de la *Peña;* j'ai voulu l'écrire sous la dictée du narrateur, pour ne pas être accusé de l'avoir inventée.

Ces choses ne peuvent germer que dans le cerveau d'un prêtre ou d'un moine.

Cette légende est idiote, mais pas plus que les apparitions de la Salette, de Lourdes et *tutti quanti;* elle prouve seulement la profondeur de la bêtise humaine.

L'Empereur m'avait demandé une seconde con férence; j'essayai de m'y soustraire; mais l'Empereur insista et je m'inclinai.

Le docteur Brissay, mon ami, dont je n'ai pas dit tout le bien que je voulais, tant il est aimable, homme du monde et excellent médecin, me voyant assez malade depuis quelque temps, bien que sans garder la chambre, me déclara que le climat de Rio m'était contraire et m'engagea à partir au plus vite. Je le voulais bien, d'autant plus que j'étais resté à Rio plus longtemps que je ne l'avais prévu.

Malheureusement, je suis retenu malgré moi; je suis contraint à rester encore au moins une dizaine de jours.

J'ai fait ma seconde conférence à l'école de la *Gloria,* au *Largo do Manchado.*

Cette fois il y eut beaucoup de monde, on ne payait pas.

La conférence fut ce qu'elle devait être, toujours le même silence glacial; enfin, j'en suis débarrassé.

La Société française de secours à Rio prépare une grande fête pour recueillir des fonds destinés à la construction d'un hôpital français; le programme est attrayant et très-bien choisi : il y aura un grand concert et une kermesse où les dames françaises, qui sont généralement fort belles à Rio, vendront les marchandises qui ont été données par les négociants français et beaucoup de négociants brésiliens, qui ont tenu à prendre part à cette œuvre de bienfaisance.

La fête devait avoir lieu au casino Fluminens, magnifique établissement; nous n'avons rien que nous pussions lui comparer.

Ce casino est situé en face même du jardin public.

Le président et le conseil de la Société de bienfaisance désiraient beaucoup la présence de l'Empereur et de S. M. l'Impératrice, ils craignaient que l'Empereur refusât leur invitation, ils se trompaient : l'Empereur, si bon et si gracieux, ne voudrait pas la refuser, d'autant plus qu'il aime beaucoup les Français.

Je dis tout cela à ces messieurs et je les engageai à se rendre à Saint-Christophe; ils insistèrent pour que j'en parlasse à Sa Majesté.

J'acceptai cette mission pour leur être agréable.

Pendant la nuit, je composai une romance que je dédiai à S. M. l'Impératrice. Je saisis cette occasion, qui me permettait de prouver mon dévouement à cette excellente souveraine et ma reconnaissance pour la bonté que l'Empereur me témoignait toujours.

Le lendemain, je me rendis à San Cristoval : je présentai ma romance à l'Empereur et je lui dis la fête que les Français préparaient; j'ajoutai que je serais heureux que ma romance fût chantée en sa présence, et que les membres du bureau de la Société n'osaient pas venir à San Cristoval dans la crainte d'un refus.

Il arriva ce que j'espérais.

Sa Majesté sourit et me dit :

— Je ne demande pas mieux que d'assister à cette fête, mais il faut que ces messieurs m'invitent.

Je remerciai Sa Majesté et je repartis pour Rio.

Ces messieurs m'attendaient avec impatience.

Je leur dis ce qui s'était passé; bientôt ils étaient sur la route de San Cristoval et revenaient quelques heures plus tard.

Ils étaient enchantés de la façon dont ils avaient été reçus par S. M. l'Empereur.

La musique de ma romance avait été faite par une charmante jeune fille, artiste au théâtre italien de Rio, nommée Cinira Polonio.

Huit jours plus tard, la fête eut lieu.

La musique militaire donnait des aubades de temps en temps.

Une délégation choisie de vingt Français attendait l'arrivée de l'Empereur pour lui faire honneur et le conduire à sa place.

L'Impératrice et toute la cour suivaient le souverain.

Quand l'Empereur mit le pied dans le casino, la musique militaire joua la *Marseillaise,* qui fut fort bien exécutée.

Le président de la Société de bienfaisance dit quelques mots de bienvenue au souverain, qui répondit gracieusement ; nous l'accompagnâmes à sa place et, après avoir salué, nous nous retirâmes.

Près de la place de Sa Majesté, une statue avait été placée, mais voilée, de sorte qu'on ne savait ce que c'était.

Voici le programme exact du concert :

PREMIÈRE PARTIE

1 *Pré aux Clercs,* fantaisie pour piano, H. Hertz.
2 *Sous mon regard sommeille,* berceuse, paroles

de G. Aimard, musique de Mlle Cinira Polonio. Dédiée à S. M. l'Impératrice et offerte à la société française de bienfaisance; chantée par Mlle Mariette Siebs.

3 Duo de flûte, par MM. Reschert et Duque Estrada Meyer.

4 *Patria,* grand air de basse, de M. Tito Mattei, chanté par Giovanni Scolari.

5 Romance de *Mignon,* de A. Thomas, chantée par Mme D***.

6 *Salut à la France!* chœur par la société du choral (orphéon français).

DEUXIÈME PARTIE

1 Fantaisie sur l'opéra des *Huguenots,* pour piano, Thalberg, jouée par M. Henri Lieutant.

2 Romance sérénade du *Roi de Lahore,* de Massenet, chantée par Mme D***.

3 Fantaisie, pour violon, sur *Robert le Diable,* par Alard, exécutée par M. Pereira da Costa.

4 Ballade de l'opéra *le Guaranis,* de Carlos Gomes.

Ce compositeur, M. Carlos Gomes, est le musicien brésilien compositeur du *Guaranis,* dont j'ai parlé plus haut; son œuvre, jouée au théâtre italien de Rio, a obtenu un franc succès, ainsi que je l'ai constaté avec le plus grand plaisir.

Cette ballade du *Guaranis* a été chantée par Mlle Mariette Siebs.

5 *Le Cidre de Normandie*, chœur chanté par le choral (orphéon français).

Le concert fut très-fort applaudi.

La foule était énorme.

Le concert terminé, la Société française de bienfaisance a offert à Sa Majesté une statue allégorique en bronze rappelant la loi du 28 septembre 1871 (abolition de l'esclavage).

Cette statue représente en pied un jeune nègre.

La tête est un véritable chef-d'œuvre, la physionomie est très-réussie; elle semble parlante.

Malheureusement, le corps ne répond pas à la tête; cependant l'ensemble est très-suffisant, aussi je bornerai là ma critique.

L'auteur de cette statue est une jeune femme adoptée, m'a-t-on dit, par le vicomte de Rio-Branco.

Ce fait de bienfaisance ne me surprendrait pas : le vicomte de Rio-Branco passe non-seulement pour un grand esprit, mais encore pour un grand cœur.

Leurs Majestés se sont levées après le concert et ont fait un tour dans la kermesse, où elles ont fait des achats considérables; puis elles se sont retirées souriantes.

La fête s'est continuée jusqu'à cinq heures du matin ; la plus grande cordialité n'a cessé de régner parmi les assistants brésiliens et français, tous rivalisant d'entrain pour venir en aide aux pauvres.

Du reste, ceux-ci ont fait d'excellentes affaires; la romance berceuse, assez médiocre, faite par moi, et dédiée à S. M. l'Impératrice, a obtenu un grand succès ; les exemplaires se sont vendus de telle sorte que le produit de cette vente d'une chanson s'est élevé au chiffre relativement élevé de 578.000 reis, c'est-à-dire près de 1.200 fr. ; que l'on juge, par cet exemple, de la *furia* avec laquelle les lots s'enlevaient.

XV

Fêtes.

A la fête de la Société de bienfaisance il s'est passé un fait fort grave qui a douloureusement impressionné les quelques invités qui en furent instruits, et que, heureusement, on réussit à étouffer avant qu'il fût trop tard.

Ce fait déplorable a été préparé et exécuté de parti pris, par un des principaux personnages officiels de la colonie française.

Voici en quelques mots ce qui s'est passé :

Un employé de la Société de bienfaisance, chargé par son président de faire les invitations, au lieu d'adresser une lettre respectueuse à ce grand personnage, qui, sans doute, croit planer dans les régions éthérées bien au-dessus des vulgaires mortels, lui adressa tout simplement une lettre polie, mais sentant un peu la circulaire.

Indè iræ. Ce monsieur, à la réception de la missive, entra dans une fureur bleue.

On le traitait comme le premier venu, comme un simple prolétaire.

Il jura de se venger d'une façon sanglante de l'insulte qu'il prétendait avoir reçue.

Il commença par renvoyer la lettre malencontreuse en déclarant qu'il n'assisterait pas à la fête.

Le président de la Société de bienfaisance, un ancien capitaine au long cours, qui en avait vu bien d'autres quand il naviguait, haussa les épaules et n'y pensa plus.

Mais il comptait sans ce personnage important que nous nommerons X***.

Celui-ci élaborait son plan machiavélique de vengeance dans le calme du cabinet.

Ce fut long à trouver : M. X*** ne brille pas par l'imagination. Victor Hugo a dit je ne sais où que sous l'aiguillon de la colère un imbécile peut, une fois en sa vie, avoir de l'esprit.

M. X*** donna entièrement raison à notre grand poète ; il crut être excessivement spirituel ; il se frotta les mains à s'enlever l'épiderme, et, comme Othello, il attendit l'heure de la vengeance.

Tout arrive dans ce monde; cette heure si impatiemment attendue par M. X*** arriva enfin.

Voici ce qu'il fit : il fit acheter en sous main une entrée de 5.000 reis pour la fête; puis il appela son cuisinier, nègre de la plus belle eau, né à la Martinique, l'habilla avec de vieux habits à lui, pendus depuis longtemps au porte-manteau, et mettant l'entrée dans la main du nègre cuisinier :

— Je n'ai pas besoin de toi ce soir, lui dit-il, va à la fête de bienfaisance française; amuse-toi bien et surtout fais-le bien voir.

Le nègre essaya une protestation timide.

Jupiter fronça ses sourcils olympiens.

Le nègre baissa la tête, se résigna et partit pour la fête.

Malheureusement le secret, que M. X*** croyait bien gardé, avait transpiré, et cela par sa faute. Tout étonné d'être devenu subitement spirituel... dame, quand on n'en a pas l'habitude!... il ne put pas résister au plaisir de faire part à ses amis et connaissances du changement subit et inespéré opéré dans sa personne.

Ce moment de fatuité fit rater l'affaire; le docteur C*** et d'autres que je pourrais nommer au besoin se tenaient sur leurs gardes et guettaient l'arrivée du nègre.

Le pauvre diable parut, tout flambant, les yeux écarquillés, le visage épanoui, le sourire sur les lèvres et la bouche ouverte d'une oreille à l'autre. Dame! le pauvre diable, c'est le cas de dire que jamais il n'avait été à pareille fête.

Tout à coup il fut enlevé, chambré et interrogé.

Il avoua tout.

On ne voulait pas lui faire de mal; ses aveux reçus et enregistrés, on le mit à la porte.

Le nègre avait été escamoté comme une muscade, et si vivement que, sauf quelques privilégiés, personne ne se douta de l'insulte sans nom que M. X*** avait voulu faire à la colonie française.

Pour bien comprendre la grandeur de l'outrage fait non-seulement aux Français, mais surtout à l'Empereur, à l'Impératrice et à toute la cour, il faut savoir que le Brésil est un pays à esclaves, où un noir est estimé bien au-dessous de certains animaux; introduire un nègre dans une réunion de blancs est la plus grave insulte que l'on puisse leur faire.

M. X*** a reconnu, mais trop tard, la faute qu'il a commise; il a voulu faire de son nègre le bouc émissaire de cette déplorable affaire, malheureusement les déclarations beaucoup trop explicites du cuisinier sont là qui donnent un démenti complet à son maître.

D'ailleurs, pour qui connaît le Brésil, qui jamais supposera un seul instant qu'un nègre puisse concevoir un pareil plan et avoir le courage de le mettre à exécution ?

Mais assez sur ce sujet, le dégoût me monte aux lèvres.

Je suis allé à San Cristoval pour prendre congé de S. M. l'Empereur don Pedro II; il m'a reçu de la façon la plus aimable, il a essayé de me retenir encore à Rio, mais j'ai tenu bon. Sa Majesté, voyant que mon parti était pris, m'a exprimé ses regrets de mon départ. J'ai remis à Sa Majesté l'autographe de la romance que j'ai dédiée à S. M. l'Impératrice; puis, après quelques mots aimables, l'Empereur m'a donné mon congé en me disant que ses vœux m'accompagneraient pendant mon voyage.

Puis Sa Majesté m'a cordialement tendu la main et, après l'avoir serrée, je me suis retiré.

Le jour de mon départ se rapproche, j'ai occupé mes derniers instants à visiter le magasin de *Notre-Dame-de-Paris*.

Cet établissement est un des plus grands, des plus luxueux et des mieux entendus, non pas de Rio, mais de Paris lui-même; le Louvre et le Bon-Marché sont peut-être un peu plus grands, ce dont je ne suis pas sûr; mais, ce dont je suis certain, c'est que les fresques et les tableaux qui décorent ce magasin sont signés par des maîtres; quant au goût et au luxe, les grands établissements dont je viens de parler ne sauraient établir de comparaison avec le grand magasin de Notre-Dame-de-Paris; je ne citerai qu'une porte, la principale de la maison : cette porte est à doubles battants, chacun des battants est fait d'une seule glace de près de dix mètres de haut.

Que dire après cela? Tout simplement que tout ce qu'on achète dans cette maison est bon et à très-bon marché; le propriétaire de Notre-Dame-de-Paris est un négociant de la vieille roche, sa famille est véritablement patriarcale; elle jouit à Rio d'une grande considération et est fort aimée de tout le monde, Brésiliens ou Français.

J'ai sur le Brésil des masses de notes qui s'augmenteront quand j'en serai aux provinces; ces matériaux me seront très-utiles; en somme, jusqu'à présent, mon impression est excellente.

La plupart des voyageurs français qui m'ont précédé ont été injustes, de parti pris, pour ce beau pays, qui fait des efforts énormes pour marcher de pair avec l'Europe.

Je tâcherai de rétablir la vérité; c'est, je crois, une question d'honneur, car le Brésil est incontestablement bien au-dessus de toutes les autres nations sud-américaines, qui lutteraient vainement avec lui à tous les points de vue. Les études consciencieuses que j'ai faites me permettent de le prouver avec la plus complète impartialité, d'une façon indiscutable.

Un certain matin, vers dix heures, deux de mes bons amis, M. Deleau, rédacteur en chef du *Messager du Brésil*, et M. Victor, secrétaire de la rédaction de la *Gazetta de Noticias*, entrèrent dans ma chambre.

— Ah ! dis-je, quel bon vent vous amène dans ces parages lointains ? Vous déjeunez avec moi ?

— Impossible, dirent-ils en même temps. Nous venons officiellement.

— Bigre ! m'écriai-je, que se passe-t-il donc ?

— Rien du tout, dit Victor en riant.

— Cependant ?

— Il s'agit de dîner, reprit M. Deleau.

— Très-bien, mais pourquoi cette invitation officielle ?

— Tout simplement, reprit M. Deleau, parce que j'ai à dîner quelques amis de la presse brésilienne qui désirent vous faire leurs adieux.

— C'est très-gracieux, et je vous remercie, messieurs, de cette charmante idée. Et c'est pour cela que vous venez avec tant de cérémonie ?

— Dame ! reprit M. Victor, vous avez toujours

des invitations de tous les côtés et nous tenons à vous avoir.

— Et moi je tiens à ne pas vous manquer de parole. Quel jour et à quelle heure?

— Lundi, à six heures. Le dîner doit avoir lieu chez moi, me dit M. Deleau.

— Très-bien; je vous remercie encore de cette agréable attention, je serai exact.

Nous causâmes pendant quelques minutes encore, et ces messieurs me quittèrent en me serrant la main.

— N'oubliez pas! me dit encore M. Victor en descendant l'escalier.

— Soyez tranquille, répondis-je, je suis trop heureux de cette invitation pour l'oublier.

Le lundi, à six heures précises, j'étais chez M. Deleau.

Les convives étaient presque tous arrivés.

La table était de vingt-cinq couverts.

Je fus tout interloqué quand je vis cette foule; j'étais loin de m'attendre à un tel banquet; je croyais trouver seulement cinq ou six personnes, tout au plus. Aussi ma surprise fut grande quand je me vis entouré de tous ces excellents amis, qui m'avaient amicalement accueilli à mon arrivé à Rio et m'ont rendu si agréable le séjour de la capitale du Brésil.

Je citerai ceux de mes amis qui assistaient à ce banquet véritablement fraternel, où Brésiliens et Français se serraient cordialement les uns près des autres.

MM. le rédacteur en chef de la *Gazetta de Noticias*, un journaliste habile dont la feuille peut lutter avec les journaux les plus renommés de Paris; Victor, un Français jusqu'au bout des ongles, secrétaire de la *Gazetta de Noticias;* M. Deleau, le rédacteur en chef du *Courrier du Brésil*, journal français fait avec un brio endiablé et qui, dans ses articles, conserve avec un talent rare la verve française à trois mille lieues de la mère-patrie.

Puis venaient MM. Courty et Brissay, médecins de talent et gens d'esprit que j'aime toujours et qui, je le crois, ont gardé un bon souvenir de nos causeries.

MM. Nusbaum, représentant du Creuzot au Brésil; Desprès, le grand sculpteur, celui qui veut tailler le Pan de Azucar et qui ajoutera une merveille à toutes celles qu'il a sculptées déjà; son géant fera vis-à-vis au phare admirable que la France a offert aux Etats-Unis, nos vieux amis, et qui de sa flamme immense protégera l'entrée de New-York; Angelini, le rédacteur en chef de la *Revista illustrada*, qui a fait de moi d'admirables charges que je conserve précieusement; M. Raffard, consul général de Suisse, le doyen du corps diplomatique de Rio, habile diplomate et, avant tout, homme d'esprit et de cœur; M. Sohier, mon premier ami et peut-être mon plus dévoué; M. Lieden, le premier qui a fabriqué la bière au Brésil, esprit charmant avec qui j'ai passé de bonnes heures; M. Ortigé, ancien capitaine au long cours, président de la Société de bienfaisance française de Rio, très-aimé de tous les Français et qui le mérite; je conserverai toujours le souvenir des quelques heures que j'ai passées chez lui avec des convives choisis et fort aimables; bien d'autres amis que j'aurais aimé à voir, mais qui ne purent venir, tel que M. Leuba, si bon, si aimable et que j'ai toujours trouvé prêt à m'être agréable.

Combien d'autres encore, auxquels j'aurais voulu serrer la main.

On se mit à table; j'étais à un bout de la table et le rédacteur en chef de la *Gazetta* était à l'autre bout, en face de moi.

M. Deleau était au milieu de la table.

J'avais à ma droite M. Desprès, le sculpteur, et à ma gauche M. Lieden; par une dernière gracieuseté M. Deleau avait groupé autour de moi mes amis les plus intimes.

Le dîner était admirablement servi; tout était exquis, les vins délicieux.

Ce qui prouve que, quand on veut, on peut manger et boire à Rio comme au café Anglais, à la Maison-d'Or, chez Peters ou chez Breban.

La conversation, toujours gaie et toujours spirituelle, n'a pas langui un instant.

Au dessert on porta des toasts en français, on me souhaita tout ce que je pouvais espérer de mieux pour mon voyage.

On buvait ferme ces bons vins de France, que l'on boit avec tant de plaisir à l'étranger et qui rappellent la patrie.

Cette chère France, si éprouvée et toujours souriante, et sans cesse fidèle à la gaieté gauloise!

Je répondis aux divers toasts que l'on m'adressait.

Nous avons passé quelques heures comme malheureusement on n'en compte guère même pendant une longue vie.

J'étais heureux; c'est peut-être la première fois dans toute ma vie, déjà bien longue, que tout me sourit, que la plus minime contrariété ne souffla pas sur mon château de cartes.

Aussi j'ai gardé religieusement le souvenir de cette admirable réunion, et aujourd'hui j'envoie à travers les mers un souvenir affectueux à tous mes amis de Rio ; jamais je ne les oublierai.

Les nombreux toasts enfin terminés et le café bu, on passa dans une autre pièce servant de fumoir.

J'étais resté avec quelques-uns de mes amis dans la salle du banquet, lorsque M. Deleau vint me prendre en me disant que l'on désirait me voir me joindre à tous nos convives. Je reconnus que j'étais dans mon tort et je suivis, en riant, M. Deleau, nos autres amis nous suivaient.

La réunion s'était augmentée : quelques-uns de nos amis, qui n'avaient pu assister au dîner, étaient arrivés, ce qui donna un revenez-y de gaieté, et l'on rit de plus belle.

Il était plus de onze heures du soir, j'étais assez fatigué, personne ne semblait penser à se retirer ; au contraire, chacun semblait redoubler d'entrain ; naturellement je ne pouvais quitter la place, d'autant plus que c'était pour moi que la réunion avait lieu.

On apporta du punch, on emplit les verres.

On but et on trinqua à la française ; en ce moment, nous étions bien véritablement en France.

Tout à coup, au moment où j'y pensais le moins, MM. Deleau et Courty réclamèrent le silence.

On se tut, et le docteur Courty souleva brusquement une serviette qui se trouvait étendue sur la table autour de laquelle nous nous serrions le verre en main. Un hurrah s'échappa de toutes les poitrines et j'aperçus une charmante surprise à laquelle j'étais loin de m'attendre; je tordais innocemment une cigarette, je poussai un cri de joie et je laissai tomber ma cigarette.

Sous cette serviette, se trouvait un magnifique album sur la couverture duquel était écrit en lettres d'or :

A Gustave Aimard

Ses amis de Rio !

au-dessous la date.

Je n'ai pas la fibre lacrymale facile; cependant, je sentis mes yeux se remplir de larmes, de ces bonnes larmes qui font tant de bien et dont on garde un éternel souvenir.

Je bégayais, je ne savais ce que je disais; j'embrassai mes amis les plus proches, j'étais comme fou de joie.

Non pas du cadeau, bien qu'il fût magnifique en lui-même, mais à cause de cette délicate attention. Par ce souvenir gracieux qu'ils me donnaient, mes amis semblaient ainsi me dire :

Malgré la distance, si longue qu'elle soit, nous serons toujours près de toi.

Cet album renfermait une quantité de vues de Rio admirablement photographiées.

On ne pouvait me faire un plus grand plaisir.

Plusieurs pages avaient été réservées pour qu'on pût écrire quelques mots de souvenir.

Séance tenante, on signa en riant, en buvant.

Je le répète et je ne pourrais le trop redire, cette ovation que l'on me faisait d'une manière si cordialement délicate, en écrivant ces lignes deux ans et plus depuis que cette scène a eu lieu, je sens une larme me monter du cœur aux yeux et mon émotion est aussi forte; j'ai devant moi ce splendide album qui a dû coûter une somme folle à ces braves cœurs. Je relis tous les noms qui remplissent les pages laissées en blanc et sur lesquelles ils ont signé leurs noms; je les relis en ce moment et je me souviens de cette soirée si belle pour moi, et j'évoque par la pensée tous les incidents de cette fête si amicale, et malgré moi je soupire, car je ne reverrai plus ces excellents amis.

Vers deux heures du matin, il fallut se séparer; j'avais le cœur gros, je l'avoue sans honte. Ah! j'ai été bien heureux, à Rio; je me croyais presque en France, tant je rencontrais à chaque instant des physionomies souriantes et cette cordialité vraie que, jusque-là, je n'avais trouvée qu'à Paris. Du reste, pour moi, je suis convaincu que Rio-Janeiro n'est pas une ville américaine, c'est un des meilleurs quartiers de Paris; on y va et on en revient si facilement à présent: à la vapeur, ce n'est plus qu'une promenade de quelques jours.

Le 11, ainsi que cela était annoncé, *le Niger*, magnifique vapeur des Messageries françaises, était arrivé de bonne heure.

Il avait mouillé à proximité du dépôt de charbon, mais trop loin au large pour la commodité des passagers.

Contrairement à ce qui avait été annoncé, *le Niger*, sur lequel je devais m'embarquer, ne devait quitter Rio-Janeiro que le 13, à cinq heures du soir; c'était un retard d'un jour, mais un jour est bientôt passé; d'ailleurs rien ne me presse. Je profite de ce répit qui m'est accordé pour aller faire mes adieux à mes amis et à mes connaissances; les uns et les autres sont très-nombreux.

La journée se passe ainsi en visites, et en rentrant chez moi je commence à faire mes malles, ce qui n'est pas aussi facile qu'on le suppose, surtout quand on a sept ou huit colis.

Vers huit heures du soir le fils aîné de M. Lieden me prie, de la part de son père, de descendre, parce que quelques-uns de mes amis viennent me faire leurs adieux. Je descends ; d'ailleurs j'ai du temps devant moi pour terminer de remplir mes malles, elles sont bien avancées et en moins d'une heure j'en finirai.

XVI

Observations. — Départ de Rio.

La grande salle de M. Lieden était littéralement bondée de visiteurs.

Tous ces visiteurs étaient mes amis, beaucoup plus nombreux que la veille, parce que la place ne manquait pas.

Cette seconde surprise me fut presque aussi agréable que la première; cette fois, plusieurs dames s'étaient jointes à ces messieurs.

M. Lieden était rayonnant.

Il offrait un punch à la romaine à mes amis et à moi.

— C'est moi qui voulais vous dire quelque chose, excusez-moi.

— Bon, que désirez-vous?

— Oh! pas grand'chose, répliqua-t-il en riant, je voulais vous dire que nous allons boire du punch à la romaine. C'est moi qui le ferai, je ne vous dis que cela, vous vous en lécherez les doigts pendant huit jours.

— J'en suis convaincu, cher monsieur, et je vous suis surtout très-reconnaissant, mais permettez-moi de vous faire observer que c'est une folie.

— Non! dit-il, je ne suis pas de votre avis, ce n'est pas seulement un punch d'adieu que je vous offre.

— Quoi donc encore?

— Rien du tout, reprit-il en riant, mais tout le monde a appris que mes amis et les vôtres ont, après le dîner, signé sur votre album chez M. Deleau, ils m'ont demandé d'en faire autant que les convives de la veille, alors...

— Alors, dis-je avec affection, vous avez fait une folie : votre bière est excellente, elle aurait suffi parfaitement.

— Cela n'empêchera pas d'en boire, le punch n'est qu'à onze heures et vous voyez que nous avons de la marge.

— Allons, repris-je, je vois qu'il faut que je vous laisse faire à votre guise.

— Oui, fit-il en riant, ce sera le mieux.

— Et le plus sage, hein ?

— Je ne dis pas non.

L'album fut descendu et posé sur une table, où chacun vint à tour de rôle l'admirer et signer.

La soirée commençait bien; la présence de plusieurs dames ajoutait à la joie de la réunion.

Je citerai entre les dames Mme Bourdeleau, charmante jeune femme que j'avais connue quand elle était toute jeunette; j'avais depuis longtemps perdu sa famille de vue, en quittant Paris pour la campagne : j'aimais beaucoup cette petite fille; elle était très-gentille et déjà très-intelligente, elle avait alors à peine huit ou neuf ans; je la retrouvai mariée et mère d'un charmant bébé.

Je fus très agréablement surpris quand je vis entrer Mlle Cinira Polonio, ma charmante collaboratrice à propos de la romance que j'avais dédiée à Sa Majesté, et dont elle avait fait la musique; je dois ajouter que cette musique avait obtenu un véritable succès quand on la chanta à la fête de bienfaisance.

La foule était énorme; heureusement que l'on pouvait prendre l'air dans le jardin.

A dix heures, mon cher James, le peintre français dont j'ai parlé plusieurs fois en constatant son talent sérieux, qui le désigne pour l'un des meilleurs peintres de marine à la première exposition; James m'apporte une simple esquisse, un rien, moins que rien même, un souvenir, voilà tout; ce rien, qui est pris sur nature, représente une pirogue naviguant sur une rivière sans nom qui coule sous les hautes frondaisons d'une forêt vierge, le tout éclairé par des tons chauds, comme nous n'en voyons jamais en Europe; en somme, cette esquisse sans importance est tout simplement un chef-d'œuvre; je n'ai pas besoin de dire que je fus très-heureux de ce charmant souvenir et je remerciai du fond du cœur cet artiste si modeste, si bon et qui est seul à savoir qu'il a un grand talent; il ne s'en doute pas le moins du monde.

La fête se prolongea, grâce à l'entrain endiablé de mes braves amis; la soirée se termina très tard dans la nuit.

Nous n'étions pas gris, oh! non! Dieu nous en garde! mais nous voyions tout en rose.

On se sépara avec force poignées de mains, et mes amis ne me quittèrent pas sans me promettre de m'accompagner à bord du *Niger* et de ne me quitter que lorsque le navire se mettrait en route.

Au lieu de me coucher, je mis mes notes en ordre.

J'avais pris l'habitude de noter en courant certains faits qui me frappaient pendant mes promenades.

Voici ces observations, sans ordre, décousues et telles qu'elles arrivent sous la plume.

La ville de Rio-Janeiro est beaucoup plus longue que large, son emplacement a été mal choisi; elle est bâtie sur des marécages qui engendrent des fièvres paludéennes.

Les maisons sont mal construites et horriblement disposées à l'intérieur; dans les vieux quartiers elles sont, pour la plupart, construites avec de la boue et du crachat; d'un fort coup de poing on peut traverser n'importe quelle muraille, sauf, bien entendu, les monuments nouveaux, dont la plupart sont fort beaux, ainsi que je l'ai constaté déjà.

Voici une anecdote.

M. Nabuc m'avait invité à dîner aux Frères-Provençaux, chez M. Moreau; nous étions quatre convives : M. Nabuc, l'amphitryon, moi, M. Taunai et le quatrième, un rédacteur en chef d'un journal clérical et réactionnaire; le jour même où je dînais en face de lui, il avait fait contre moi un article odieux, infect, où il me traînait dans la boue, et cela écrit en style de l'*Univers* de Paris, c'est-à-dire en style des halles. Cette rencontre ne pouvait pas être fortuite; ou M. Nabuc manqua de tact dans cette circonstance, ou il voulut se donner la comédie à mes dépens; alors il s'est conduit comme un homme sans éducation. Dans un cas comme dans l'autre, M. Nabuc a fait ce que l'on nomme un impair, comme on dit à Paris.

J'étais très-vexé, je fus sur le point de me lever et de sortir; je me tins à quatre pour ne pas faire un esclandre, mais nous étions dans un lieu public, entourés de nombreux dîneurs brésiliens et français; je rongeai mon frein et je ne dis rien, pour ne pas causer de scandale. M. Taunai, qui est homme du monde jusqu'au bout des doigts, et d'ailleurs Français bien que naturalisé Brésilien, était très-gêné; l'article fait contre moi était dans toutes les mains.

Le dîner commença assez froidement; le journaliste voulut probablement rompre la glace et m'adressa une question assez impertinente, avec cet accent cafard qui distingue ces piliers de sacristie, quelle que soit leur nationalité.

Je lui répondis de façon à l'arrêter net.

— Vous êtes agressif, me dit M. Nabuc.

— Pardon, lui répondis-je, ce n'est pas moi

qui suis agressif, mais vous, qui m'avez mis en face de monsieur.

L'incident n'eut pas de suites, le dîner continua à se traîner comme il put.

— Venez-vous à l'Opéra? me demanda M. Nabuc, quand on se leva de table.

— Non, je rentre chez moi; je suis fatigué.

Je pris congé très-froidement de ces messieurs et je partis.

Je n'ai pas revu M. Nabuc; je dois ajouter que je ne cherchai pas à le revoir; son procédé m'avait froissé et je ne lui pardonnai pas son manque de savoir-vivre.

Dans les anciens quartiers les propriétaires construisaient comme cela leur plaisait, en avant, en arrière. Les rues y sont très-étroites; les maisons n'ont pas de style particulier, tous les genres sont représentés, surtout le genre chinois.

Dans les nouveaux quartiers les rues sont très-larges, les places sont magnifiques, les maisons bien alignées et construites avec goût.

Dans toutes les rues il y a de très-belles fontaines publiques, mais quand j'habitais Rio il n'y avait pas d'eau; aujourd'hui il y en a grâce au gouvernement.

Dans les rues des vieux quartiers, les enseignes des boutiques et magasins ne sont pas disposées comme en France : elles sont accrochées en travers des rues.

On se croirait en plein moyen âge ; c'est très-pittoresque comme effet, mais on risque, par un grand vent, de recevoir *ex abrupto* sur la tête une enseigne pesant de 50 à 60 kilog., ce qui ne laisse pas que d'être désagréable.

La ville manque d'air : l'air ne circule pas à travers les rues, ce qui engendre des maladies souvent mortelles, la fièvre jaune, entre autres, bien qu'on en guérisse souvent ; je connais des gens qui ont eu jusqu'à trois fois la fièvre jaune et qui ne s'en portent pas plus mal, il s'agit surtout de ne pas se frapper l'imagination.

Il serait cependant bien facile de remédier à ce manque d'air : il ne s'agirait tout simplement que d'enlever une montagne qui se trouve au milieu du plus beau quartier de la ville.

Déjà des offres ont été faites au gouvernement à plusieurs reprises, spécialement par des ingénieurs anglais, qui se chargeaient de niveler le sol, comme on a fait à la butte Saint-Roch, quand on a percé l'avenue de l'Opéra.

Le gouvernement, mieux que personne, comprend la nécessité de faire au plus vite disparaître cette montagne ; *mais.....*, il y a toujours des mais à Rio, le clergé est tout-puissant au Brésil et il abuse *per fas et nefas,* tout simplement pour faire respecter sa puissance.

Il y a, sur le sommet de cette montagne que l'on nomme le Castel, un couvent; dans ce couvent *trois moines;* il faut attendre la mort de ces trois moines crasseux avant d'assainir la ville : la population est décimée par toutes sortes de maladies, tant pis pour elle : ces trois moines crasseux ne peuvent être dérangés.

Le gouvernement et la population s'inclinent et patientent, et Dieu sait si les moines ont la vie dure!!!

C'est ainsi, il n'y a pas à discuter, c'est un fait brutal.

Certaines coutumes singulières existent encore au Brésil et à Rio même.

La prostitution existe à Rio d'une façon scandaleuse : les filles publiques n'ont aucune pudeur; la plupart sont des Allemandes, des Autrichiennes et des Hongroises ou des Croates que des Hongrois achètent dans leur pays et transportent sur tout le littoral; ces filles sont sans cesse à leur fenêtre, qui sont de plain pied avec la rue; de là elles interpellent les passants; quand un passant se laisse prendre à leurs grimaces, c'est à peine si elles poussent un peu leur fenêtre; de sorte qu'elles opèrent littéralement *coram populo.*

Il y a quelques jours les protestations devinrent tellement générales que le gouvernement se décida enfin à sévir; les choses en étaient venues à un tel point que les femmes honnêtes ne pouvaient plus mettre le pied dans la rue sans risquer d'être insultées par ces filles.

La police fit un coup de filet : d'un côté, les *capitaines*, — ainsi se nomment entre eux ces honteux trafiquants de chair blanche qui n'ont pas de nom dans la langue des honnêtes gens, — furent enlevés et embarqués sur un navire partant pour Buenos-Ayres.

Le plus joli de l'affaire fut que d'abord le gouvernement argentin ne voulut pas accepter ces dignes gentilshommes, et imposa une amende de quinze cents francs au bateau à vapeur *l'Équateur*, navire des Messageries maritimes, qui les avait transportés à Buenos-Ayres, et qu'il fut contraint de reconduire ces dignes passagers à Rio-Janeiro, où on ne les laissa pas débarquer.

Cependant, l'amende payée, il paraît que les choses s'arrangèrent et que le gouvernement argentin se laissa attendrir, car les *capitaines* repartirent pour Buenos-Ayres où, cette fois, ils eurent la permission de descendre à terre.

Le tour était joué; Buenos-Ayres avait empoché quinze cents francs au commandant de *l'Equateur* et, moyennant cette somme, la morale était sauvée. Les Argentins sont habitués à ces transactions véreuses.

Quant aux filles, elles furent arrêtées par les *vigilantès* et conduites en prison, où elles durent rester pendant un temps indéterminé, ce qui fit le désespoir des *vigilantès,* qui s'étaient imposés à ces dames comme chevaliers servants et se faisaient payer très-cher les soi-disant services qu'ils leur rendaient.

Pouah !...

Les filles brésiliennes sont un type à part et particulier : elles mêlent avec conviction l'impudeur et le sacré, avec une naïveté qui, malgré le vilain métier qu'elles font, a quelque chose de touchant dans son ignorance crasse. Toutes ces vierges folles ont dans leur chambre à coucher une statuette de la Vierge : — les noms changent à l'infini, selon la Vierge à laquelle la fille est dévote ; — devant cette statuette, vêtue d'étoffes fines et de prix, sont suspendus une lampe, qui brûle jour et nuit, et un rideau d'une étoffe très-épaisse, qui coule sur des anneaux de cuivre.

Lorsque la fille a réussi à amener quelqu'un chez elle, son premier soin en entrant est de fermer le rideau de la Vierge, afin qu'elle n'assiste pas à ce qui va se passer; puis elle demande à son amant de passage quelques reis, 40, 50, 100 au plus, mais rarement; ces quelques reis reçus, elle les pose sur le support de la Vierge, en passant religieusement sous le rideau sans le tirer, et, aussitôt qu'elle est seule, elle se hâte de prendre ces quelques reis et de se rendre à l'église la plus proche pour les donner au premier prêtre qu'elle rencontre, en lui disant nettement d'où provient cette aumône.

Le prêtre ne se scandalise pas le moins du monde : il empoche cette misérable aubaine et il engage, avec componction, la pécheresse à persévérer dans cette charitable conduite.

Je prie le lecteur de me pardonner d'être entré dans de semblables détails; il m'a toujours paru qu'en voyage il faut tout voir et tout entendre. C'est, à mon avis, par ses côtés excentriques et ses mœurs singulières que l'on arrive à connaître le degré de civilisation d'un peuple; c'est surtout ces côtés que j'ai étudiés avec le plus de soin, sans rien augmenter et sans rien passer sous silence.

La vérité est nue; il est toujours bon de ne pas la laisser cachée dans son puits, sous prétexte d'impudeur.

Les Brésiliens sont flâneurs avec délices; ils passent leur temps, de midi à cinq heures, heure du dîner, à causer par groupes de quatre, cinq et souvent plus, l'épaule appuyée contre les boutiques, sur les trottoirs de la rue d'*Ouvidor*. Cette rue, la plus riche et la plus vieille de Rio, a tout au plus cinq mètres de large; je ne sais vraiment quel plaisir les Brésiliens trouvent à rester ainsi dans cet étouffoir. Il est de bon goût de se faire voir chez Deroche et chez Caïtou, les deux *confiterios* en renom, et de se raconter les cancans de la ville sur le trottoir.

La mode l'exige impérieusement; cependant les Brésiliens sont généralement instruits et intelligents, mais ils ne comprennent que difficilement nos habitudes européennes; en général, ils voient mal, non pas par paresse, mais par nonchalance; ils laissent tout le commerce entre les mains des Portugais.

Les Portugais sont les Juifs de Rio et du Brésil; on les trouve partout, rien ne leur répugne, tout métier leur est bon pourvu qu'il leur rapporte.

Ils sont pour la plupart ivrognes, vantards, vaniteux, voleurs comme des pies, méchants, rancuniers et incapables d'un bon sentiment.

Bien entendu, il y a des exceptions très-honorables; mais malheureusement elles sont très-rares.

Cependant le séjour de la Maison de Bragance

au Brésil a sauvé le pays des révolutions honteuses de ses voisins argentins; mais si les Portugais restent au Brésil, ils perdront le pays, qu'ils ont aidé à sauver sans le savoir et probablement à contre-cœur.

J'ai remarqué un fait singulier, que je n'ai observé qu'au Brésil : c'est le changement qui s'est opéré dans la population par le croisement des races; cela est fort heureux; aujourd'hui les Brésiliens ont une véritable patrie; ils sont les fils du sol, ils sont vraiment Brésiliens, et, fait singulier, ils ont conservé toutes les qualités des Portugais, sans prendre aucun de leurs vices.

Le Brésil a aujourd'hui un peuple, tandis que les autres pays d'Amérique, sans en excepter les États-Unis, n'ont encore qu'une nationalité factice; ce qui fait le peuple, c'est la race, et le Brésil l'a conquise grâce à la mansuétude de ses institutions, et à leur indifférence en religion comme en couleur; tout homme est citoyen, qu'il soit blanc, rouge, jaune ou noir; c'est ainsi que l'on obtient une race intelligente, brave et dévouée à sa patrie.

Seul le Brésil, le dernier pays à esclaves, a compris cela; honneur à lui! Son avenir sera beau, tout le fait pressentir.

La façon d'appeler les domestiques, les cochers,

les garçons de salle, etc., etc., varie selon les pays; mais dans aucune contrée je n'ai vu rien qui ressemble au moyen employé pour appeler les gens à gages et généralement les conducteurs de tramways, etc. Cela commence par un sifflement de serpent et se termine par un éternuement; rien de singulier et même de grotesque comme ce sifflement, qui est très-doux et pourtant s'entend à une très-grande distance dans les rues, comme dans les maisons.

Cela m'a rappelé les Indiens des hautes savanes; il est évident pour moi que les Brésiliens ont emprunté ce mode d'appel, par les premiers Européens qui ont débarqué sur cette terre, aux Indiens dont alors la population indigène était fort nombreuse.

L'Empereur connaît son peuple et son clergé sur le bout du doigt et agit en conséquence.

Ce prince, si bonhomme, si simple et si accessible en apparence, est, en réalité, un Machiavel d'une force inouïe, doublé d'un philosophe politique qui connaît les hommes mieux que personne; il prévoit l'avenir, il aime foncièrement son peuple; les progrès tentés par lui sont aujourd'hui passés dans les mœurs; les Brésiliens aiment l'Empereur pour tout ce qu'il a fait pour eux, ils ne tenteront jamais rien contre lui; tant qu'il y sera, les choses iront ainsi, grâce à la bonté innée du souverain; mais on entend parfois les grondements d'un volcan souterrain qui menace d'éclater; aussi l'avenir est sombre et chargé de tempêtes; le Brésil est trop grand, il est encore mal soudé; que Dieu sauve l'Empereur! Ce qui fait tout le mal au Brésil, ce sont les chambellans, les comtes, les marquis, tous restés Portugais, quoiqu'ils se prétendent Brésiliens; je ne veux pas en dire davantage sur ce sujet scabreux; j'ajouterai un seul mot : le peuple grandit chaque jour, il ne veut plus être en tutelle; c'est des provinces qu'éclatera l'ouragan, peut-être dans la province de San Paulo!

On n'a jamais pu faire comprendre au gouvernement brésilien, qui peut-être ne veut pas entendre, que, pour la prospérité du pays, la première chose à faire était d'établir des voies de communication entre toutes les provinces et se reliant à la capitale. Sur ce point, tout est à faire; il y a plusieurs lignes de chemins de fer; elles ne forment pas un parcours de cent cinquante lieues à elles toutes.

La cuisine brésilienne est atroce; sous prétexte qu'ils sont très-sobres, les Brésiliens mangent n'importe quoi.

C'est noir, c'est sale; il n'y a ni goût, ni confort, ni même de propreté.

Voici de quoi se compose le plat national du Brésil :

Cela se nomme *feijoada;* par ce mets, vous jugerez des autres.

La *feijoada* se fait ainsi :

1° Petits haricots noirs ;
2° Carne secca (viande séchée) ;
3° Toucinho (lard gras);
4° Oreilles de cochon.

Se sert très chaud et, au moment de manger ce mets, on le soupoudre de farine de *madioca* (manioque).

C'est exécrable; entendons-nous, les Brésiliens et les Français établis au Brésil raffolent de cette affreuse popote; grand bien leur fasse! Quant à moi, rien que de voir cette *feijoada,* le cœur me venait sur les lèvres.

Je noterai, en passant, les mouches à feu, qui ont au-dessus des yeux deux jets phosphorescents qui produisent le plus singulier effet;

Une cigale, longue comme le pouce, qui m'a fait endiabler pendant mon séjour à Rio; cette bestiole insupportable produit avec ses ailes un grondement qui, bientôt, se change en un sifflet tellement semblable et aussi strident que celui d'une machine de chemin de fer, que je crus, la première fois, que, par le changement du vent, on entendait le sifflement du chemin de fer.

Le Brésil possède une collection trop complète d'insectes nuisibles qui se fourrent partout, gâtent et dévorent tout sans qu'on puisse s'en garantir; aussi on est obligé d'avoir des coffres en fer-blanc; ces insectes maudits, malgré toutes les précautions, réussissent parfois à s'introduire dans ces coffres, mais cela est fort rare.

Les animaux féroces ont été, depuis longtemps, repoussés très-loin dans l'intérieur; si parfois on aperçoit un ours ou un tigre, c'est un animal égaré dans la Tijuca ou dans les mornes du Corcovado, et qui, en voyant un homme, se hâte de disparaître.

La faune et la flore du Brésil sont d'une richesse incomparable.

Je donnerai plus tard la liste des animaux et celle des bois précieux de cet admirable pays cette liste sera longue.

Je n'ai visité les provinces du Brésil que quelques mois plus tard ; j'ai réfléchi que mieux vaut que je laisse là, quant à présent, mon départ pour Buenos-Ayres, où j'ai tout le temps de revenir. Je ferai alors pour les provinces du Brésil ce que j'ai fait pour sa magnifique capitale.

Terminé le 1er juillet 1882.

FIN

TABLE DES MATIÈRES

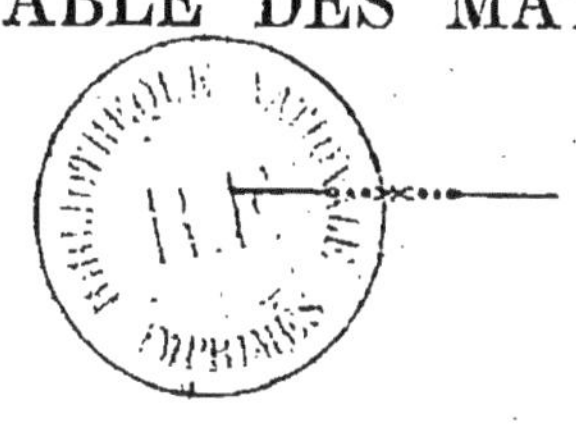

www.ingramcontent.com/pod-product-compliance
Ingram Content Group UK Ltd.
Pitfield, Milton Keynes, MK11 3LW, UK
UKHW020130220726
13923UKWH00001B/94